今傳西漢史籍考

王仁祿著

中華書局印行

目次

例言

一、本文稱「今傳」者，謂今有存本或輯本傳於世也。西漢史籍之有傳本者，楊師家駱已輯於兩漢遺籍輯存中，今撰本文，悉取以爲據。

二、西漢史籍蓋寡，故漢志及其拾補或入禮家，如漢禮器制度是也；或附春秋，如戰國策、楚漢春秋、史記是也；或入儒家，如列女傳、列仙傳、孝子傳、十二州箴是也；或歸法家，如漢律、西漢詔令是也；或屬雜家，如茂陵書、七略別錄、七略是也；或歸形法，如蜀王本紀、水經是也。今撰本文，則依後代「史」部之名類，得今傳西漢正史、雜史、載記、傳記、政書、地理、目錄遺籍，凡七類十五部。

三、凡撰人之眞僞、書名之原委、篇卷之多寡、體制之完缺、類屬之得失、遺籍之存佚、以及後人之注疏專著等等，有待於考辨證明者，則分項稽覈討論之。其無是非疑問者，除撰人必明其事跡、存本必詳其後人著述外，餘均闕而不考。

四、各項攷證，以綱領式行之。將覈其論，必徵言焉，深惟仲尼述而不作之恉，多引前人之說，集納衡證，不敢專輒也。

五、所考史籍，略分書名、撰人、著錄、傳本、類屬、考證項目六項，作簡表，列諸卷首。所參考及引用書籍，列其書目，著其撰人，依四部分類，爲附錄一。所引短文，亦列篇目，著其撰人，爲附錄二。歷代史志目錄，著有今傳西漢史籍者，悉錄之，爲附錄三。國立中央圖書館藏有古籍善本甚富，爰據其善本書目，錄有關西漢史籍之存本，爲附錄四。

緒論

文獻不足，不能言禮，空言徒載，鮮能及義。義亡則乖，禮失則亂，義乖禮亂，道德敗矣。此孔子所以删書定禮，筆削春秋，因興以立功，就敗以成罰也。丘明論本事而作傳，公、穀詳訓詁以說經，道法雖殊，而其重文獻、著禍福之意則同。洎乎西漢，史家撰著，皆本斯旨，而史體寖繁，不拘一式。以時史籍仍寡，是以或附六藝，或入諸子，或屬數術，未得獨立一略。史部之名，定於隋志；分類之詳，備乎四庫。考今傳西漢史籍，循實責名，正其所歸，而得七類：

一曰正史。正史者，史遷首創，班氏因革，歷朝繼作，咸擬紀傳，迄今廿六，史之正體也。見諸行事，不託空言，闡聖人之道，成一家之言，此則史記之所由作也。據左氏、國語、采世本、國策，始黃帝，訖麟止，論次其文，成百三十篇。十二本紀以序帝王，十表以繫時事，八書以志人文，三十世家以記諸侯，七十列傳以載人物。厥協六經異傳，整齊百家雜語，筆削冠於史籍，題目足以經邦。故其書爲史事之實錄，亦爲典實之秘府，有義理之奧衍，亦有詞章之精英。其影響於後世也，歷史家因之以述事，考據家資之以徵實，思想家引之以闡微，文學家宗之以潤筆。宜其盛傳歷代，至今不衰也。

二曰雜史。雜史者，事繫廟堂，語關軍國，或具一事始末，或述一時見聞，體仿國語，率爾而作也。蒯通辯士，善爲縱橫，撰述國策，以著其說。歷記戰國，及于楚、漢，譎巧會該，四尚足傳矣。繼踵而作者，陸賈記述楚、漢相爭，兼及漢初之事，而成楚漢春秋。以春秋立名，蓋取孔子記史之義，非取編年也。綜觀西漢史籍，體屬此類者，僅此二家。

三曰載記。載記者，原稱僞史，亦名霸史，記一國一地之事，述偏方僭亂之蹟，例準東觀，爰定此稱。揚雄著書天祿，成其蜀王本紀，地則蜀地，事則蜀事，歷代興革之迹，山川城郭之變，靡不備載。而以西漢末年之人，述數百年前之事，傳聞多有，怪異豈可免哉？西漢載記遺籍，唯此一家而已。

四曰傳記。傳記者，或記聖賢名人，或述列女孝子，傳個人之事蹟，垂後人之鑑鏡，晏子春秋，其本源乎。西漢傳記，傳者三書，皆出劉向之手，咸足欣賞取資。列女傳述母儀貞女，亦及孽嬖亂婦，以戒天子，諷宮中，而著王教由內及外、家爲國本之理。孝子傳述古今孝子事蹟，以箴時俗，而勵人子盡孝、人臣盡忠也。列仙傳則記歷代神仙之事，似實若虛，似有若无，而人物並非杜撰，體制屬於傳記，亦有可觀者焉。

五曰政書。政書者，或存儀制，或記職官，有刑法詔令，有掌故瑣記，皆可以後鑑前師，與時損益著也。西漢政書遺籍，傳者五種：叔孫通生當漢初，官爲太常，法周、秦，定禮儀，而作漢禮器制度，以爲一代典制。揚雄覩時州郡，制度變亂，從利忘義，乃作十二州箴，以勵君德，而勸大臣。漢律出於人臣所定，一成難更；詔令則爲人主心裁，足補罅漏。茂陵掌故，瑣記之書，一隅之象，亦關全局。

六曰地理。地理者，城域宮殿，山川古蹟，亦及人物，不廢藝文，以志四方之異，風俗之別也。西漢地理遺籍，傳者桑欽一家：水經備載河道源流，脈絡清楚，條理井然，原始以要終，明本而識末，亦所以啓示後人溯本追遠也。

七曰目錄。目錄者，疏通倫類，提敍要旨，辨章學術，考鏡源流，所以曉途徑，明方法也。目錄體制，創自劉氏，後世因革，不離其宗。編目之法立，則群籍理而不亂；敍錄之體定，則要旨闡而不隱；類敍之制成，則學術章而不晦。別錄既撰，七略復出，前後輝映，流光千古。價值之大，豈僅關乎目錄；影響之遠，尤在整體學術也。

吾國文化精華，皆存古籍之中，故欲闡揚文化，首當研究古籍。而古籍流傳，歷時既久，經手亦多，或佚脫而不全，或竄亂而非眞，或倫類失次，或名份莫正。此皆研讀古籍之大礙也。故欲研讀古籍，必先去此大礙，整國故，祛衆惑，正名實，辨眞僞。國故既整，衆惑既祛，則專事國學者既便，即攻乎異端者亦稱利焉。今撰本文，即準斯旨，雖自覺力有不逮，猶希効其綿薄也。

本文稿凡二易，初稿草就於民國五十八年七月，二稿略定於民國六十年八月，費時雖多，而陋略難免，深蘄博雅君子垂教焉。

簡表

書名	撰人	著錄	傳本	類屬	考證項目
史記	司馬遷	漢志	存本	正史	㈠撰人考㈡書名考㈢年代考㈣存佚考㈤補續考㈥注疏考㈦專著考
戰國策	蒯通	漢志	存本	雜史	㈠撰人考㈡書名考㈢類屬考㈣存佚考㈤注疏考㈥專著考
楚漢春秋	陸賈	漢志	輯本	雜史	㈠撰人考㈡類屬考㈢存佚考
蜀王本紀	揚雄	拾補	輯本	載記	㈠撰人考㈡類屬考㈢存佚考
列女傳	劉向	漢志	存本	傳記	㈠撰人考㈡篇卷考㈢傳頌考㈣續傳考㈤注疏考㈥專著考
列仙傳	劉向	拾補	存本	傳記	㈠撰人考㈡類屬考㈢列仙考㈣專著考
孝子傳	劉向	拾補	輯本	傳記	存佚考
十二州箴	揚雄	漢志	輯本	政書	㈠州數考㈡存佚考
漢禮器制度	叔孫通	拾補	輯本	政書	㈠撰人考㈡存佚考㈢類屬考
漢律		拾補	輯本	政書	㈠撰人考㈡存佚考㈢類屬考
茂陵書		拾補	輯本	政書	㈠撰人考㈡類屬考㈢存佚考
西漢詔令		拾補	輯本	政書	㈠類屬考㈡存佚考
水經	桑欽	拾補	存本	地理	㈠撰人考㈡注疏考㈢專著考
七略別錄	劉向	拾補	輯本	目錄	㈠書名考㈡體制考㈢存佚考
七略	劉歆	拾補	輯本	目錄	㈠撰人考㈡體制考㈢存佚考

今傳西漢史籍考

一　史記考

司馬氏世爲史官，至遷，承父囑，以爲當繼孔子後，成一家之言。

司馬遷太史公自序：「先人有言：『自周公卒五百歲，而有孔子；孔子卒後，至於今五百歲。』有能紹明世，正易傳，繼春秋，本詩、書、禮、樂之際，意在斯乎！意在斯乎！小子何敢讓焉？」又：「略以拾遺補藝，成一家之言。」

然徒託空言，不如見諸行事之著明深切也，於是抽古史記及石室金匱之書，據左傳、國語，采世本、國策，取楚漢春秋，論次其文，撰成太史公一書（即史記）。

司馬遷太史公自序：「子曰：『我欲載之空言，不如見之於行事之深切著明也。』」又：「遷爲太史令，紬史記、石室金匱之書，……於是論次其文。」

班固漢書司馬遷傳贊：「司馬遷據左氏、國語，采世本、戰國策，述楚漢春秋，接其後事，訖于天漢。」

按：史記原稱太史公，詳後考。

始自黃帝，訖於漢武，成十二本紀、十表、八書、三十世家、七十列傳，凡百三十篇，五十二萬六千五百字。

司馬遷太史公自序：「於是卒述陶唐以來，至于麟止，自黃帝始。」按：史記述事起訖年代詳後考。至其內容、篇數、字數，具見太史公自序。

本紀以序帝王，十二者象歲星之一周；

司馬遷太史公自序：「罔羅天下放失舊聞，王迹所興，原始察終，見盛觀衰，論考之行事，略推三代，錄秦、漢，上記軒轅，下至于茲，著十二本紀。」

司馬貞補史記序：「本紀十二，象歲星之一周。」

張守節史記正義序：「作十二本紀，帝王興廢悉詳。」又史記正義論例謚法解：「作本紀十二，象歲十二月也。」

晁公武郡齋讀書志：「撰成十二紀，以序帝王。」

表以繫時事，十者倣剛柔之十日。

司馬遷太史公自序：「既科條之矣，並時異世，年差不明，作十表。」

司馬貞補史記序：「十表放剛柔十日。」

張守節史記正義序：「十表定代系年封。」

又史記正義論例謚法解：「作表十，象天之剛柔十日，以記封建世代終始也。」

晁公武郡齋讀書志：「十年表，以貫歲月。」

書以誌人文，八者法天時之八節；

司馬遷太史公自序：「禮樂損益，律歷改易，兵權、山川、鬼神、天人之際，承敝道變，作八書。」

司馬貞補史記序：「八書有八篇，法天時之八節。」

張守節史記正義序：「八書贊陰陽禮樂。」

又史記正義論例謚法解：「作書八，象一歲八節，以記天地日月山川禮樂也。」

晁公武郡齋讀書志：「八書以紀政事。」

按：八節者：立春、春分、立夏、夏至、立秋、秋分、立冬、冬至是也。

世家以記諸侯，三十者比月有三旬；

司馬遷太史公自序：「二十八宿環北辰，三十輻共一轂，運行無窮，輔拂股肱之臣配焉，忠信行道，以奉主上，作三十世家。」

司馬貞補史記序：「三十世家，比月有三旬。」

張守節史記正義序：「三十世家，君國存亡畢著。」

又史記正義論例謚法解：「作世家三十，象一月三十日，三十輻共一轂，以記世祿之家，輔弼股肱之臣，忠孝得失也。」

晁公武郡齋讀書志：「三十世家，以敍公侯。」

列傳以載人物，七十者取懸車之暮齒；

司馬遷太史公自序：「扶義俶儻，不令己失時，立功名於天下，作七十列傳。」

司馬貞補史記序：「七十列傳，取懸車之暮齒。」

張守節史記正義序：「七十列傳，忠臣孝子之誠備矣。」

又史記正義論例謚法解：「作列傳七十，象一行七十二日，言七十者，舉全數也，餘二日象閏餘也，以記王侯將相英賢，略立功名於天下，可序列也。」

晁公武郡齋讀書志：「七十列傳，以志士庶。」

按：懸車者，致仕也；暮齒，暮年也。古人七十懸車致仕，七十列傳殿後，因取象焉。

百三十篇者，象閏餘而成歲。

司馬貞補史記序：「百三十篇，象閏餘而成歲。」

張守節史記正義論例謚法解：「合百三十篇，象一歲十二月及閏餘也。」

史遷自言其書厥協六經異傳，整齊百家雜語；

見太史公自序。

班固評其辨而不華，質而不俚；

班固漢書司馬遷傳贊：「自劉向、揚雄，博極群書，皆稱遷有良史之材，服其善序事理，辨而不華，質而不俚，其文直，其事核，不虛美，不隱惡，故謂之實錄。」

張守節贊其筆削冠於史籍，題目足以經邦；

張守節史記正義序：「筆削冠於史籍，題目足以經邦。……比之春秋，言辭古質；方之兩漢，文省理幽。」

呂祖謙謂其指意深遠，寄興悠長。

馬端臨文獻通考：「東萊呂氏曰：太史公之書法，豈拘儒曲士所能通其說乎？其指意之深遠，寄興之悠長，微而顯，絕而續，正而變，文見於此，而起義於彼，有若魚龍之變化，不可得而蹤跡者矣。讀是書者，可不參考互觀以究其大指之所歸乎？」

故其書為史事之實錄，亦為典實之秘府，有義理之奧衍，亦有詞章之精英。其影響於後世也，歷史家因之以述事，考據家資之以徵實，思想家引之以闡微，文學家宗之以潤筆。宜其盛傳歷代，至今不衰也。

(一) 撰人考

史記一百三十卷，司馬遷撰，史志著錄，信而有徵，傳本廣布，家喻戶曉。

漢志、隋志、舊唐志、新唐志、崇文目、宋志、內閣藏書目錄、四庫全書總目均著錄史記，並言司馬遷撰。

今之史記傳本，如中央研究院所藏北宋刊本及明清諸本、中央圖書館所藏南宋初覆刊北宋監本及明清諸本、在臺近刊諸本，均題司馬遷撰。

司馬遷，字子長，談之子。景帝中元五年，生於龍門。年十歲，誦古文。

司馬遷太史公自序：「太史公既掌天官，不治民。有子曰遷，遷生龍門，耕牧河山之陽。年十歲，則誦古文。」

二十而南游江、淮，北涉汶、泗，講業齊、魯之都，過梁、楚以歸。

太史公自序：「二十而南游江、淮，上會稽，探禹穴，窺九疑，浮於沅、湘；北涉汶、泗，講業齊、魯之都，觀孔子之遺風，鄉射鄒嶧，戹困鄱、薛、彭城，過梁、楚以歸。」

仕爲郎中，奉使西征巴蜀以南，南略邛笮、昆明。

見太史公自序。

父談且卒，囑遷毋忘其所欲論著。卒三歲，遷爲太史令。後五年，當武帝太初元年，始作史記。時年四十二也。

太史公自序：「天子始建漢家之封，而太史公留滯周南，不得與從事，故發憤且卒。而子遷適使反，見父於河、洛之間。太史公執遷手而泣曰：『余先，周室之太史也。自上世，嘗顯功名於虞、夏，典天官事，後世中衰，絕於予乎？汝復爲太史，則續吾祖矣。今天子接千歲之統，封泰山，而余不得從行，是命也夫！命也夫！余死，汝必爲太史，爲太史，無忘吾所欲論著矣。……』遷俯首流涕曰：『小子不敏，請悉論先人所次舊聞，弗敢闕。』卒三歲，而遷爲太史令，紬史記、石室金匱之書，五年而當太初元年，十一月甲子朔旦冬至，天歷始改建於明堂，諸神受紀。」正義：「遷年四十二歲。」

李陵降匈奴，遷以爲陵欲得其當而報漢，適武帝召問，乃推言陵功。帝怒，下於理。遷家貧，財賂不足以自贖；交遊莫救；左右親近，不爲壹言。卒受腐刑。

司馬遷報任安書：「……夫僕與李陵，俱居門下，素非相善也。趣舍異路，未嘗銜盃酒、接殷勤之歡。然僕觀其爲人，自奇士，事親孝，與士信，臨財廉，取予義，分別有讓，恭儉下人，常思奮不顧身，以徇國家之急，其素所畜積也，僕以爲有國士之風。夫人臣出萬死，不顧一生之計，赴公家之難，斯已奇矣！今舉事壹不當，而全軀保妻子之臣，隨而媒孽其短，僕誠私心痛之。……身雖陷敗，彼觀其意，且欲得其當而報漢。事已無可奈何，其所摧敗，功亦足以暴於天下。僕懷欲陳之，而未有路，適會召問，卽以此指推言陵功，欲以廣主上之意，塞睚眦之辭。未能盡明，明主不深曉，以爲僕沮貳師，而爲李陵游說，遂下於理。拳拳之忠，終不能自列；因爲誣上，卒從吏議。家貧，財賂不足以自贖；交遊莫救；左右親近，不爲壹言。身非木石，獨與法吏爲伍，深幽囹圄之中，誰可告愬者？」

忠心事上，而遷无妄之禍，意有所鬱結，故其作史記也，特崇管、鮑之交，而欲爲晏子執鞭，先黃老，羞貧賤，凡此之類，皆有深意寓焉。

太史公自序：「太史公遭李陵之禍，幽於縲紲。乃喟然而嘆曰：『是余之罪也夫？是余之罪也夫？身毀不用矣！』退而深惟曰：『夫詩、書隱約者，欲遂其志之思也。昔西伯拘羑里，演周易；孔子戹陳、蔡，作春秋；屈原放逐，著離騷；左丘失明，厥有國語；孫子臏腳，而論兵法；不韋遷蜀，世傳呂覽；韓非囚秦，說難孤憤；詩三百篇，大抵聖賢發憤之所爲作也。此人皆意有所鬱結，不得通其道也，故述往事，思來者。』於是卒述陶唐以來，至于麟止，自黃帝始。」

班固漢書司馬遷傳贊：「論大道，則先黃老而後六經；序遊俠，則退處士而進姦雄；述貨殖，則崇勢利而羞賤貧。」

李廌師友談記：「司馬遷作史記，大抵譏漢武帝，所短爲多，故其用意遠。……秦始皇本紀皆譏武帝也，可以推求。史記其意深遠，則其言愈緩；其事繁碎，則其言愈簡，此詩、春秋之義也。」晁公武郡齋讀書志：「當武帝之世，表章儒術，而罷黜百家，宜乎大治，而窮奢極侈，海內彫弊，反不若文景尚黃老時，人主恭儉，天下饒給，此其所以先黃老而後六經也。武帝用法刻深，群臣一言忤旨，輒下吏誅，而當刑者得以貨免。遷之遭李陵之禍，家貧，無財賄自贖，交遊莫救，卒陷腐刑。其進姦雄者，蓋遷歎時無朱家之倫，不能脫己於禍，故曰：『士窮窘，得委命此』，豈非人所謂賢豪者耶？其羞貧賤者，蓋自傷特以貧故，不能自免於刑戮，故曰：『千金之子，不死於市』，非空言也。」

按：其特崇管、鮑之交者，傷己交遊莫救也；欲為晏子執鞭者，以晏子能救越石父於縲紲中也。遷既被刑之後，為中書令，尊寵任職。故人益州刺史任安予遷書，責以古賢臣之義。遷報之，辨其不白之寃屈。

詳見班固漢書司馬遷傳。

遷既死後，其書稍出。宣帝時，遷外孫平通侯楊惲祖述其書，遂宣布焉。王莽時，求封遷後為史通子。

見班固漢書司馬遷傳。

(二) 書名考

遷所撰述，不稱史記，史記一名，號自後代。遷自題書序爲太史公自序，東方朔因署其書曰太史公，而漢志著錄亦稱太史公，則「太史公」乃此書本名也。

　太史公自序，見今傳史記第一百三十篇。

　司馬貞史記太史公自序索隱：「桓譚云：『遷所著書成，以示東方朔，朔皆署曰太史公。』」

　班固漢書藝文志：「太史公百三十篇。」按：漢志所著錄，無名曰史記之書者。

其異稱則或曰太史公書；

　司馬遷太史公自序：「爲太史公書序，略以拾遺補藝，成一家之言。」

　錢大昕史記考異：「子長述先人之業作書，繼春秋之後，成一家言，故曰太史公書。以官名之者，承父志也。……班叔皮亦稱爲太史公書，……考前後漢書，多云太史公書。」（姚振宗漢志條理引）

　梁啓超要籍解題及其讀法：「（漢書）宣元六王傳謂之『太史公書』，班彪略論、王充論衡同。」

或曰太史公記，

　梁啓超要籍解題及其讀法：「（漢書）楊惲傳謂之『太史公記』，應劭風俗通同。」

或曰太史記。

　梁啓超要籍解題及其讀法：「而風俗通時或稱『太史記』。」

其名爲史記，則始於魏晉時，

錢大昕史記考異：「蓋子長未嘗名其書曰史記。…周本紀、陳杞世家、儒林列傳、十二諸侯年表、老子列傳、天官書、太史公自序，諸所稱『史記』，皆指前代之史而言；班史五行志所引『史記』，亦非太史公書。…史記之名，疑出魏晉以後，非子長著書之意也。」

梁啓超要籍解題及其讀法：「兩漢時並未有名遷書爲『史記』者；本書中『史記』之名凡八見，…皆指古史也。『史記』之名，蓋起於魏晉間，實『太史公記』之省稱耳。」

按：稱遷書爲史記，始見於後漢書班彪傳及魏志。

自爾相傳，襲爲定稱。

自隋志以後各史志目錄，均稱史記；今傳諸本，所題亦然。

㈢ 年代考

史記所述史事之起訖年代，據太史公自序所云，知爲起自軒轅黃帝，訖於武帝獲麟（元狩元年）。

司馬遷太史公自序：「卒述陶唐以來，至于麟止，自黃帝時。」又云：「略推三代，錄秦、漢，上記軒轅，下至于茲。」

張守節爲之統計，所載爲二千四百一十三年間事。

見史記集解序注及史記正義論例謚法解。

然趙翼則謂「自黃帝以來，至太初而訖」，不以爲事止獲麟。

趙翼廿二史劄記：「其自序末，謂自黃帝以來，至太初而訖，乃指所述歷代之事，止於太初，非謂作史歲月至太初而訖也。」

此乃誤以作史年代爲所述史事之終止年代也。遷於武帝太初元年，始作史記；太史公自序：「遷爲太史令，紬史記石室金匱之書，五年而當太初元年，十一月甲子朔旦冬至，天歷始改建於明堂，諸神受紀。」裴駰集解：「李奇曰：遷爲太史，後五年，適當於武帝太初元年，此時述史記。」張守節正義：「遷年四十二歲。」

而史事年代之終止，則在武帝獲麟之時，以應其五百年之運，並仿春秋之絕筆於獲麟。太史公自序：「先人有言：『自周公卒五百歲，而有孔子；孔子卒後，至於今五百歲。』有能紹明世，正易傳，繼春秋，本詩、書、禮、樂之際，意在斯乎！意在斯乎！小子何敢讓焉？…於是卒述陶唐以來，至于麟止，自黃帝始。」裴駰集解：「張晏曰：武帝獲麟，遷以爲述事之端，上紀黃帝，下至麟止，猶春秋止於獲麟也。」司馬貞史記索隱序：「遷自以承五百之運，繼春秋而纂是史，其褒貶覈實，頗亞於丘明之書。於是上始軒轅，下訖天漢…。」張守節史記正義論例謚法解：「太史公作史記，起黃帝、高陽、高辛、唐堯、虞舜、夏、殷、周、秦，訖于漢武帝天漢四年，合二千四百一十三年。」

按：太史公自序末有「上記軒轅，下至于茲」之語，所謂「茲」者，係泛指武帝之時，非謂太初年代或書成之日也。

崔適嘗舉八證，以成「至于麟止」之說；

崔適史記探源：「太史公所作，自當踐其『至於麟止』之言，今可證成其說者八焉：自序引其父談及壺遂之言，比之於春秋，漢時亦有獲麟之事，此千載難逢之機會，必不宜舍而踰之，一也。漢書公孫弘與卜式、兒寬同傳，主父偃與嚴助、朱買臣、吾丘壽王、終軍同傳，史記止爲弘、偃作傳，以弘相偃誅，在麟止前故也，後此不爲之傳。他人姑弗論，若終軍者，非自序所謂忠臣死義之士，其所欲傳者耶？軍之對策以獲麟，死節在太初，如史記訖於太初，何不爲軍作傳？而不爲之傳，非以至於麟止故耶？二也。外戚世家：竇姬長男爲太子，王夫人生男爲太子，衞子夫生男名據，是則景帝、武帝爲太子皆不名，獨於衞太子名，何耶？未立爲太子故也。立據爲太子，漢書武帝紀在元狩元年四月，在獲麟後，前此猶是皇子，故名，若訖於太初，安知太子之終廢而名之耶？三也。別傳終於淮南衡山王，以其獄在麟止前一月也，…四也。自序大序之末，既曰『卒述陶唐以來，至於麟止』，小序之末，又自爲一節曰：『余述歷黃帝以來，至太初而訖』，與上文年限起訖皆異，其爲續竄甚明，五也。漢書司馬遷傳有『至於麟止』之言，無『太初而訖』之語，六也。揚雄傳曰：『太史公記六國，歷楚、漢，訖麟止。』（惟遷傳贊云：『述楚漢春秋，接其後事，訖於天漢。』敍傳云：『太初以後，闕而不錄。』與此二傳，意分爲三，豈似一人之言？更以彪語發之，可見天漢、太初二說，皆非固語，亦後人竄入也。）七也。後漢書班彪傳曰：『太史令司馬遷，上自黃帝，下訖獲麟，作本紀、世家、列傳、書、表，凡百三十篇。（上文亦有『太初以後不錄』之言，與此乖異，乃范氏信僞班固語，不如彪言爲得實也。）八也。凡此皆可爲至於麟止之徵，踰此者據漢書竄入也。」

梁啓超亦謂麟止一語，殆爲鐵案。

梁啓超要籍解題及其讀法：「史記所記事，以何年爲最終年限耶？……據遷所自言及揚雄、班固言，則『麟止』一語，殆爲鐵案。案武帝獲麟，在元狩元年冬十月（西紀前一二二）。」

而某氏史記考索復駁崔適說，更舉九證，以爲當終于太初，上應趙翼之說。

臺灣開明書店史記考索史記終於太初考：「探源所持之論至辯，然有不可盡據者：六、七、八三證，據漢書及後漢書，二書皆持兩端，不得據爲定讞者，一也。衞太子以罪死，史文容有竄改，不得據爲定讞者，二也。終軍之不立傳，及列傳之終於淮南衡山，事出偶合，果使訖於太初，別有鐵證，卽此二端，要亦未可據爲定讞者，三也。至若小序一節，贅諸篇末，岐指駢拇，原在可廢，故漢書司馬遷傳全錄自序，獨遺此語，然此但未可舉爲訖於太初之證，不得以此而定終於麟止之讞者，四也。」

又：「終於太初，指終於太初前一年，卽元封六年，權而論之，蓋有九證：（一）史記賈生傳云：『賈生以爲漢興，至孝文二十餘年，天下和洽，而固當改正朔，易服色，法制度，定官名，興禮樂。……孝文帝初卽位，謙讓未遑也。』改正朔之事，古人視爲至重，故賈生深言之。其後至孝武而實現，是以有太初曆之完成。漢書律曆志，記元封七年大中大夫公孫卿、壺遂、太史予司馬遷等言曆紀壞廢，宜改正朔，遂詔卿、遂、遷與侍郎尊大典星射姓議造漢曆，事卽指此。史記韓長孺列傳贊言：『余與壺遂定律曆』，其語相合。自序又言『漢興以來，至明天子，獲符瑞，封禪，改正朔，易服色，受命於穆清』，則司馬遷之重視此事，可以概見。斯則較諸獲麟，尤爲難逢之機會，更不宜舍而踰之。一也。（二）自序云：『五年而當太初元年十一月甲子朔旦冬至，天曆始改，建於明堂，諸神受紀，……於是論次其文。』史記之作，始於太初元年，斯則史記所載，適至太初改曆以前而止，尤爲自然之準則。二也。（三）漢興以來諸侯王年表序云：『臣遷謹記高祖以來至太初諸侯。』有明文可證，三也。（四）高祖功臣侯者年表序云：『至太初百年之間，見侯五。』自高祖元年至元封六年，適得百〇二年，與百年之數相差至微，若使史記終於獲麟，止得八十五年，不得云百年也。……四也。（五）惠景間侯者年表下匡，署『建元至元封六年三十六』十字，其下空列太初已後一匡，闕而弗紀。此終於太初之鐵證，五也。（六）建元以來侯者年表共列六匡……，自元光至元封，不更標舉年號，止列年數，獨第六匡記載十七項中，標舉太初元年者七項，太初二年者四項，太初三年者二項，征和二年者二項，共十五項，而未標舉年號者，亦有二項，顯爲後人隨手竄入，體例不一之據。表至元封而已，反賴是以證明，六也。（七）漢書敘傳云：『漢紹堯運，以建帝業，至於六世，史臣乃追述功德，私作本紀，編於百王之末，廁於秦項之列，太初以後，闕而不錄。』七也。（八）後漢書班彪傳云：『武帝時，司馬遷著史記，自太初以後，闕而不錄。』八也。（九）史通六家云：『司馬遷撰史記，終于今上，自太初以下，闕而不錄。』（古今正史亦言：『史記所書，年止漢武，太初以後，闕而不錄。』九也。」

然其證多舉後人補續之文或較晚史料，究爲似是而非之論也。

史記爲後人補續者甚多，詳後考。

「訖於麟止」之說，既成鐵案，則凡此年代以後之文，皆後人所補所續，非史遷之原作。

梁啓超略分後人補續竄亂之種類，約有三：一爲原本缺亡而後人補作者，二爲後人續撰者，三爲後人故意竄亂者。詳見要籍解題及其讀法。

(四) 存佚考

今傳史記，百三十篇，同乎漢志所著篇數。而班固注云：「十篇有錄無書」，豈劉、班所見非完本？

抑史記本未成書？斯則有待吾人索考之也。

班固漢書藝文志春秋：「太史公百三十篇。」注：「十篇有錄無書。」

據裴駰史記集解所引衞宏漢書舊儀注、陳壽三國志所述王肅言，以及葛洪西京雜記所載，知景帝及武帝本紀爲武帝所削去；

裴駰史記太史公自序集解：「衞宏漢書舊儀注曰：『司馬遷作景帝本紀，極言其短及武帝過，武帝怒而削去之。……』」

陳壽三國志魏志王肅傳：「肅以常侍領秘書監，帝問：『司馬遷以受刑之故，內懷隱切，著史記，非貶孝武，令人切齒。』對曰：『司馬遷記事，不虛美，不隱惡，劉向、揚雄服其善敍事，有良史之才，謂之實錄。漢武帝聞其述史記，取孝景及己本紀覽之，于是大怒，削而投之，于今此兩紀有錄無書。後遭李陵事，遂下遷蠶室。此爲隱切，在孝武，而不在于史遷也。』」

葛洪西京雜記：「作景帝本紀，極言其短，及武帝之過，帝怒而削去之。」

又據集解所引張晏之言，知遷沒之後，亡景紀、武紀、禮書、樂書、律書（卽兵書）、漢興已來將相年表、日者列傳、三王世家、龜策列傳、傅靳蒯列傳，計十篇。

裴駰史記太史公自序集解：「張晏曰：『遷沒之後，亡景紀、武紀、禮書、樂書、律書、漢興已來將相年表、日者列傳、三王世家、龜策列傳、傅靳蒯列傳。』」

而呂祖謙則以爲十篇並未全亡，亡者唯武紀耳；

王應麟漢藝文志攷證：「東萊呂氏曰：『以張晏所列亡篇之目校之史記，或其篇具在，或草具而未成，非皆無書也。其一曰景紀，此其篇具在者也，所載間有班書所無者。其二曰武紀，十篇唯此篇亡。……今景紀所以復出者，武帝特能毀其副在京師者耳，藏之名山，固自有他本也。武紀終不見者，豈非指切尤甚，雖民間亦畏禍而不敢藏乎？其三曰漢興以來將相年表，其書具在，但前闕敍。其四曰禮書，其敍具在，自『禮由人起』以下，則草具而未成者也。其五曰樂書，其敍具在，自『凡音之起』而下，則草具而未成者也。其六曰律書，其敍具在，自『書曰七正二十八舍』以下，則草具而未成者也。其七曰三王世家，其書雖亡，然敍傳云：『三子之王，文辭可觀，作三王世家』，則其所載，不過奏請及策書，或如五宗世家，其首略敍其所出自，亦未可知也。贊乃眞太史公語也。其八曰傅靳蒯成列傳，此其篇具在，而無刓缺者也。……其九曰日者列傳，自『余志而著之』以上，皆太史公本書。其十曰龜策列傳，其序具在，自『褚先生曰』以下，乃其所補爾。方班固時，東觀蘭臺所藏，十篇雖有錄無書，正如古文尚書，兩漢諸儒，皆未嘗見，至江左始盛行，固不可以其晚出，遂疑以爲僞也。』」

王鳴盛亦以爲然。

王鳴盛十七史商榷：「漢書所謂十篇有錄無書者，今惟武紀灼然全亡，三王世家、日者、龜策傳，為未成之筆，但可云缺，不可云亡。其餘皆不見所亡何篇。」

此蓋據後人補足之本，而誤以為未全闕佚，非高明之見也。

呂祖謙宋人，王鳴盛清人，其時代皆晚於東漢之張晏、劉宋之裴駰，而其所斷定，又乏古史為其根據，故知其據後人補續之本而為說也。

又范曄謂「自太初以後，闕而不錄」，司馬貞因謂「蓋由遭逢非罪，有所未暇，故十篇有錄無書」，劉知幾亦謂「十篇未成，有錄而已」，

范曄後漢書班彪傳：「武帝時，司馬遷著史記，自太初以後，闕而不錄。」

司馬貞補史記序：「其中遠近乖張，詞義踳駁，或篇章倒錯，或贊論麤疎，蓋由遭逢非罪，有所未暇，故十篇有錄無書是也。」

劉知幾史通古今正史：「而十篇未成，有錄而已。」自注：「張晏漢書注云：『十篇遷歿後亡失。』此說非也。」

紀昀從之，

紀昀等四庫全書總目：「今考日者、龜策二傳，竝有『太史公曰』，又有『褚先生曰』，是為補綴殘稿之明證，當以知幾為是也。」

梁啓超亦以為遷自出獄後，無暇繼續著書。

梁氏要籍解題及其讀法：「史記是否已成書耶？……吾細考史公年歷，則不能無疑，報任安書自述下獄時事云：『草創未就，會遭此禍，惜其不成，是以就極刑而無慍色。』則其時書尙未成可知。時天漢三年也。自此以後，去太史令職，而爲中書令，『金匱石室之藏』，不復能如昔時之恣其紬讀；又近侍尊寵，每有巡幸，無役不從。……報任安書所謂『卒卒無須臾之間得竭志意』，蓋實情也。報任安書已經考定爲太始四年冬間作，玩其語氣，史確未成書。……越二年而巫蠱難作，史公存亡已不可考矣。然則書竟不成而齎志以沒，未可知也。信如是也，則史記之有缺篇，非亡佚而原缺也。」

此皆揣測之辭，其弊同乎東萊。

司馬貞、劉知幾均唐人，紀昀清人，梁啓超今人，其時代皆不早於張晏、裴駰，而其論斷，又乏史證，唯出於臆測耳。

范曄所言，謂百三十篇中，自太初以後，闕而不錄，非謂百三十篇中十篇不錄也。

范曄「太初以後」之語，亦不足信。已詳前考。

故今據原始史料，以爲十篇有錄無書者，遷後亡佚，非本未成也。

(五) 補續考

史記既殘闕不全，後人乃為之補續，有史可徵者有：馮商續十餘篇，已越十篇之數；

班固漢書藝文志：「馮商所續太史公七篇。」顏師古注：「韋昭曰：『馮商受詔續太史公十餘篇，在班彪別錄。商字子高。』」

褚少孫補武帝紀、三王世家、龜策列傳、日者列傳四篇；

裴駰史記太史公自序集解：「張晏曰：『……元、成之間，褚先生補缺，作武帝紀、三王世家、龜策、日者列傳，言辭鄙陋，非遷本意也。』」

劉向、劉歆、衞衡、揚雄、史岑、梁審、肆仁、晉馮、段肅、金丹、馮衍、韋融、蕭奮、劉恂等，相次撰續，迄於哀、平間，猶名史記。

劉知幾史通古今正史：「史記所書，年止漢武，太初已後，闕而不錄。其後劉向、向子歆，及諸事者，若馮商、衞衡、揚雄、史岑、梁審、肆仁、晉馮、段肅、金丹、馮衍、韋融、蕭奮、劉恂等，相次撰續，迄於哀、平間，猶名史記。」

各家所補十篇，景紀取諸漢書，武紀專取封禪書，禮書取荀卿禮論，樂書取禮記樂記，三王世家取其策文，日者列傳論司馬季主，龜策列傳直太卜所得占龜兆雜說（並見史記索隱），傅靳蒯成列傳取漢書（見直齋書錄解題），律書及漢興以來將相名臣年表則不知所取。

司馬貞史記太史公自序索隱：「景紀取班書補之，武紀專取封禪書，禮書取荀卿禮論，樂書取禮樂記。兵書亡，不補，略述律而言兵，遂分曆，述以次之。三王系家，空取其策文，以續此篇，何率略且重非當也！日者不能記諸國之同異，而論司馬季主；龜策直太卜所得占龜兆雜說，而無筆削功，何蕪鄙也！」

陳振孫直齋書錄解題：「褚所補武紀，全寫封禪書；三王世家，但述封拜、策書二列傳，皆猥釀不足進；而其餘六篇，景紀最疏略，禮、樂書謄荀子禮論、河間王樂記，傅靳列傳與漢書同，而將相年表迄鴻嘉，則未知何人所補也。」

十篇之外，明著續之文及補續痕跡易見者，三代世表、張丞相傳、田叔列傳、平津侯主父列傳、滑稽列傳各篇篇末是也；

梁啓超要籍解題及其讀法：「明著續之文及補續痕跡易見者：三代世表篇末自『張夫子問褚先生曰』以下，張丞相傳篇末自『孝武時丞相多』以下，田叔列傳篇末自『褚先生曰』以下，平津侯主父列傳篇末『太皇太后詔』以下、又自『班固稱曰』以下，滑稽列傳篇末『褚先生曰』以下。

以上各條，今武英殿版本皆改爲低一格以示識別。」

全篇疑爲後人補續者，曆書疑錄自漢書律歷志、天官書疑錄自漢書天文志、封禪書疑錄自漢書郊祀志、河渠書錄漢書溝洫志，平準書錄漢書食貨志，張丞相傳、南越尉佗列傳、汲鄭列傳、酷吏列傳、大宛列傳，並疑錄自漢書，循吏列傳亦疑爲後人所補；

並見崔適史記探源。

其餘年表、世家、列傳中，亦多後人續補，故有獲麟以後之事。

見梁啓超要籍解題及其讀法。

(六) 注疏考

史記之注疏，歷代著者甚夥，有史可稽及現存者如下：

史記注，漢許愼撰，佚。

姚氏後漢志著錄，卷數不詳。

姚振宗後漢藝文志：「許君從賈侍中受古學，太史公書多古文學。」

史記注，晉綦毋邃撰，佚。

文氏補晉志著錄，卷數不詳。

文廷式補晉書藝文志：「史記趙世家集解『爵穀苕之榮』兩引綦毋邃曰，疑邃曾注史記，姑存其目。」

史記集解八十卷，劉宋裴駰撰，存

隋志、舊唐志、新唐志著錄八十卷，崇文目、宋志、四庫全書總目著錄一百三十卷。

四庫全書總目：「駰以徐廣史記音義，粗有發明，殊恨省略，乃採九經諸史，幷漢書音義及衆書之目，別撰此書。……原本八十卷，隋、唐志著錄竝同，此本爲毛氏汲古閣所刊，析爲一百三十卷，原第遂不可考，然註文猶仍舊本。自明代監本以索隱、正義附入其後，又妄加刪削，訛舛遂多。」

今傳叢書本有：十七史本、劉承幹輯四史本、四庫全書本、五省官書局本二十四史本、二十一史本、古香齋袖珍十種本、摛藻堂四庫全書薈要本、百衲本二十四史本、殿本二十四史本、殿本四史本、袖珍古書讀本本、二十五史本、四部備要本、仁壽本二十六史本。單行本略。

史記一百三十卷，唐許子儒注，佚。

舊唐志、新唐志著錄。

史記一百三十卷、唐王元感注，佚。

新唐志著錄。

史記一百三十卷，唐徐堅注，佚。

新唐志著錄。

史記一百三十卷，唐李鎭注，佚。

新唐志著錄。

史記一百三十卷，唐陳伯宣注，佚。

新唐志、宋志著錄一百三十卷，崇文目著錄八十七卷。

史記索隱三十卷，唐司馬貞撰，存。

新唐志、崇文目、宋志、文淵閣書目、四庫全書總目著錄。

四庫全書總目：「貞初受史記於崇文館學士張嘉會，病褚少孫補司馬遷書，多傷踳駁，又裴駰集解舊有音義，年遠散佚，諸家音義，延篤音隱、鄒誕生、柳顧言等，書亦失傳，而劉伯莊、許子儒等，又多疎漏，乃因裴駰集解，撰爲此書。首注駰序一篇，載其全文。其注司馬遷書，則如陸德明經典釋文之例，惟標所注之字，蓋經傳別行之古法。凡二十八卷，末二卷爲述贊一百三十篇及補史記條例……。此書本於史記之外別行，及明代刊刻監本，合裴駰、張守節及此書散入句下，恣意刪削……。此單行之本，爲北宋秘省刊板，毛晉得而重刻者，錄而存之，猶可以見司馬氏之舊，而正明人之疎舛焉。」

今傳叢書本有：五省官書局二十四史本、監本二十一史本、古香齋袖珍十種本、四庫全書本、摛藻堂四庫全書薈要本、百衲本二十四史本、殿本二十四史本、殿本四史本、袖珍古書讀本本、二十五史本、四部備要本、廣雅書局叢書本。單行本略。

史記正義三十卷，唐張守節撰，存。

新唐志、崇文目、宋志著錄三十卷，四庫全書總目著錄一百三十卷。

四庫全書總目：「是書據自序三十卷，晁公武、陳振孫二家所錄則作二十卷，蓋其標字列注，亦必如索隱，後人散入句下，已非其舊。至明代監本，採附集解、索隱之後，更多所刪節，失其本旨。」

今傳叢書本有：監本二十一史本、古香齋袖珍十種本、四庫全書本、摛藻堂四庫全書薈要本、百衲本二十四史本、殿本二十四史本、殿本四史本、袖珍古書讀本本、二十五史本、四部備要本。

單行本略。

史記纂訓二十卷，唐裴安時撰，佚。

新唐志著錄。

史記集解，宋姚寬撰，佚。

續文獻通考經籍考著錄，卷數不詳。

史記注一百卷，金蕭貢撰，佚。

千頃堂書目、補遼金元志、補三史志、金志補錄、續文獻通考經籍考著錄。

史記譯解，金徒單鎰撰，佚。

補三史志著錄，卷數不詳。

史記補注一百三十卷，清錢坫撰，未見。

重修清史藝文志著錄。

史記評注，清朱運震撰，未見。

清史稿藝文志、重修清史藝文志著錄，卷數不詳。

史記新校注稿二百六十六卷，民國張森楷撰，存。

中國辭典館復館籌備處印行。

楊師家駱記史纂閣所藏張氏史記新校注稿二百六十六卷：「張氏據校之本四十四，參校之本一十七，紀表書三十卷之徵引書目已摘出，凡四百五十八種，倘并世家列傳百卷計之，則引書必在千種以上。自始校至注成，歷時五十年，六易其稿，誠可謂太史公書之功臣矣。」又景印張森楷先生史記新校注五稿六稿序：「余於民國十八年至三十年間，先後訪獲合川張森楷先生遺著二百數十冊，其中『史記新校注』一作，六易其稿，尤爲先生五十年心力之所粹，惟存本稍有殘缺爲可惜耳。……駱以年來諸生取用是稿，亦時虞遺失，今夏因決心付諸景印，張稿缺卷，暫取瀧川資言『會注會證』、水澤利忠『校補』補足。」

史記會注考證，日本瀧川龜太郎撰，存。

藝文印書館印行。

楊師家駱記史纂閣所藏張氏史記新校注稿二百六十六卷：「後於張氏為太史公書作注者，又有日人瀧川資言史記會注考證。其書以三家注為主，署曰會注。其在三家注以後諸家書，彙而載之，時下己意，謂之考證。竊觀其說，頗嫌觕略；徵引雖繁，亦傷蕪雜；與張氏之取材博而有別擇，考辨詳而有心得者，實遠難比論。然其所見日本諸本，亦足補張氏之所不及見。惟張氏稿具而沒，未及刊行，瀧川書後成而先刊，遂使今言太史公書新注者，盛道瀧川而不知有張氏，豈非有幸有不幸歟？」

史記今註，民國屈萬里、勞幹撰，存。

臺灣書店印行。

其他尚有選注及疏證若干種，不在此列。

選注如：胡懷琛選注之史記、秦同培選注之史記精華、李純一注之史記選讀註⋯等是也。

疏證者，楊師家駱指導學生所分撰者是也。楊師景印張森楷先生史記新校注五稿六稿序：「近十年，駱以擔任國立師範大學國文研究所及中國文化研究所論文指導教授之便，輒命諸生各就張稿一卷或數卷加以整理，幷撰作疏證，以為碩士、博士論文，疏證之先後完成及接近完成者凡六十一篇，此數不惟僅及史記全帙之半，且亦並非張書本來面目。」

(七) 專著考

歷代考究史記而成專著，其較著者有：

史記音義一卷，漢延篤撰，佚。

姚氏後漢志著錄。

姚振宗後漢藝文志：「司馬貞索隱序曰：『太史公之書，古今爲之注解者絶省，音義亦稀，始後漢延篤，乃有音義一卷。』」

史記音隱五卷，漢服虔撰，佚。

姚氏後漢志著錄。

姚振宗後漢藝文志：「司馬貞索隱序曰：『始後漢延篤，乃有音義一卷；又別有音隱五卷，不記作者何人。近代鮮有二家之本。』會稽章宗源隋書經籍志考證曰：『裴駰集解引有史記意隱，小司馬未見，自是亡于隋代。』按：服虔有春秋左氏傳音隱，疑此亦服氏書。或譌作章隱。」按：四庫全書總目有「諸家音義，延篤音隱」之語，則認此書爲延篤所撰，未知何據？

古史考二十五卷，晉譙周撰，佚。

隋志、舊唐志、新唐志著錄。

章宗源隋書經籍志考證：「（劉知幾史通）外編論古今正史曰：『周以遷書周秦以上，或采諸子，不專據正經，於是作古史考二十五篇，皆憑舊典，以糾其繆。今與史記並行於代焉。』」

史記音義十二卷，宋徐廣撰，佚。

隋志、舊唐志、新唐志著錄。

章宗源隋書經籍志考證：「徐廣，字野民。裴駰集解序曰：『廣研核衆本，爲作音義。』張守節正義曰：『十三卷（唐志同十三），駰爲注，散入百三十篇。』索隱後序曰：『廣作音義一十卷，惟記諸家本異同，於義少有解釋。』」

史記音義，宋裴駰撰，佚。

章氏隋志考證著錄。

章宗源隋書經籍志考證：「索隱後序曰：『裴駰亦有音義，前代久已散亡。』」

史記音三卷，梁鄒誕生撰，佚。

隋志、舊唐志、新唐志著錄。

章宗源隋書經籍志考證：「索隱後序曰：『鄒誕生撰音義三卷，音則尚奇，義則罕說。』」

史記音三卷，唐許子儒撰，佚。

新唐志著錄。
史記義林二十卷，唐李鎮撰，佚。
新唐志著錄。
史記音義三十卷，唐劉伯莊撰，佚。
舊唐志、新唐志著錄。
史記地名二十卷，唐劉伯莊撰，佚。
新唐志著錄。
史記要傳十卷，唐衞颯撰，佚。
舊唐志、新唐志著錄。
史記正傳九卷，唐張瑩撰，佚。
舊唐志、新唐志著錄。
史記名臣疏三十四卷，唐竇群撰，佚。
新唐志著錄。
史記法語八卷，宋洪邁撰，存。
宋志著錄。

舊鈔本、影鈔宋淳熙十二年婺州刊本、說郛本。

史記牴牾論五卷、宋趙瞻撰，佚。

宋志、續文獻通考經籍考著錄。

史記律曆志訛辨一卷，宋張宋圖撰，佚。

宋志著錄。

班馬異同三十五卷，宋倪思撰，存。

四庫全書總目著錄。

紀昀等四庫全書總目：「是編大旨，以班固漢書多因史記之舊，而增損其文，乃考其字句異同，以參觀得失。」

四庫全書本。

訂正史記眞本凡例一卷，宋洪遵撰，存。

四庫全書總目存目著錄。

紀昀等四庫全書總目：「前有自序稱：手錄司馬遷史記一帙，盡汰去楊惲、褚少孫等所補十篇，幷去其各篇中增益之誤，而以己所校定者，錄於下方。」

學海類編本、遜敏堂叢書本。

班馬字類五卷，宋婁機撰，存。

書目答問著錄。

別下齋刻本、仿宋大字本、仿宋小字本、張氏澤存堂本、後知不足齋本、長沙思賢書局本。

東萊先生史記詳節二十卷，宋呂祖謙輯，存。

叢書子目類編著錄。

十七史詳節本。

班馬異同評三十五卷，宋倪思撰，劉辰翁評，存。

四庫全書總目存目著錄。

紀昀等四庫全書總目：「此書據文義以評得失，尚較爲切實，然於顯然共見者，往往贅論，而筆削微意，罕所發明。又倪思原書，本較其文異同，辰翁所評，乃多及其事之是非，大抵以意斷制，無所考證。」

嘉靖丁酉福建刻本。

史記天官照一卷，□□□□撰，佚。

秘書省續編到四庫闕書目著錄，注闕，撰人不詳。

史記辨惑十一卷，金王若虛撰，佚。

金史藝文略著錄。

孫德謙金史藝文略：「其書首二卷爲採摭之誤，三卷爲取舍不當，四卷爲議論不當，五卷爲文勢不相承接，六卷爲姓名冗複，七卷爲字語冗複，八卷爲重疊載事，九卷爲疑誤，十卷爲用而字多不安，十一卷爲雜辨。補三史諸志均不著錄，余據五經辨惑、滹南詩話例，別出於此。」

史記考要十卷，明柯維騏撰，存。

明志、內閣藏書目錄著錄。

增訂四庫簡目標注：「柯維騏史記考要十卷，振綺堂有明刊本。」

史記瑣瑣二卷，明郝敬撰，存。

欽定續文獻通考經籍考、四庫全書總目存目著錄。

郝氏取史記疑義，略爲考正訓釋，然多臆撰。（詳見四庫全書總目）

山草堂集外編本。

史銓五卷，明程一枝撰，存。

欽定文獻通考經籍考、四庫全書總目存目著錄。

是編專釋史記字句，校考諸本，頗有發明。惟參雜時人評語，頗近鄉塾陋本。（見四庫全書總目）

內府藏本。

史漢方駕三十五卷，明許相卿編，存。

四庫全書總目存目著錄。

是編因倪思班馬異同原本，稍爲釐訂，改題此名。（詳見四庫全書總目）

乾隆間兩江總督採進本。

史漢愚按八卷，明郝敬撰，存。

叢書子目類編著錄。

山草堂集內編本。

史記論略一卷，明黃淳耀撰，存。

叢書子目類編著錄。

陶菴集本。

太史史例一百卷，明張之象撰，存。

明志著錄。

邵懿辰謂有刊本。

史記評林一百三十卷，明凌稚隆輯評，存。

書目答問著錄。

明萬曆丙子吳興凌氏刊本。

讀史記十表十卷，清汪越撰，徐克范補，存。

四庫全書總目、重修清志著錄。

四庫全書總目：「蓋古來增減前人舊本，多在其人之身後，惟此書則同時商榷而補之，故考校頗爲精密，於讀史者尚屬有裨。……越獨排比舊文，鉤稽微義，雖其閒一筆一削，務以春秋書法求之，未免或失之鑿，而訂譌砭漏，所得爲多，其存疑諸條，亦頗足正史記之牴牾。」

原刊本、民國十六年徐乃昌影印本、四庫全書本、南陵先哲遺書本、二十五史補編本。

史記疑問一卷，清邵泰衢撰，存。

四庫全書總目、重修清志著錄。

四庫全書總目：「（史記）敍述之舛漏，先儒雖往往駁正，然未有專著一書抉其疏舛者，泰衢獨旁引異同，而一一斷之以理。」

康熙刊本、四庫全書本。

楚漢帝月表一卷，清吳非撰，存。

二十五史補編總目著錄。

貴池先哲遺書本、二十五史補編本。

史記注補正一卷，清方苞撰，存。

重修清志著錄。

抗希堂十六種本、廣雅書局叢書本。

史記紀疑二卷，清劉青芝撰，存。

重修清志著錄。

劉氏傳家集本。

史漢異同是非四卷，清劉青芝撰，存。

重修清志著錄。

劉氏傳家集本。

史記考證七卷，清杭世駿撰，存。

重修清志著錄。

補史亭賸稿本、道古堂外集本、食舊堂叢書本。

史記志疑三十六卷，清梁玉繩撰，存。

重修清志著錄。

梁氏刊本、光緒十三年廣雅書局刻史學叢書本、光緒間會稽章壽康刻本、光緒間餘姚朱氏重校刊本、廣雅書局叢書本、叢書集成初編本。

史記天官書補目一卷，清孫星衍撰，存。

重修清志著錄。

昭代叢書本、二十五史補編本、廣州局本。

史記考證十卷，清孫星衍撰，未見。

重修清志著錄。

范希曾謂原稿舊藏吳襄勤處，未刊。

史記律曆天官書正譌三卷，清王元啓撰，存。

重修清志著錄。

惺齋先生雜著本、廣雅書局叢書本、叢書集成初編本、二十五史補編本、乾隆乙未刊本、祇平居士集本。

史記月表正譌一卷，清王元啓撰，存。

重修清志著錄。

廣雅書局叢書本、二十五史補編本。

史記三書釋疑三卷，清錢塘撰，存。

重修清志著錄。

乾隆丁未四益齋刊本、邃雅齋叢書本、二十五史補編本。

讀史記雜志六卷，清王念孫撰，存。

重修清志著錄。

讀書雜志本。

史記探源八卷，清崔適撰，存。

重修清志著錄。

范希曾書目答問補正：「辨證史記之竄亂，純以今文家言爲主。」

宣統二年庚戌觶廬刊本、北京大學排印本、廣文書局本。

史記惠景閒侯者年表校補一卷，清盧文弨撰，存。

重修清志著錄。

羣書拾補本、二十五史補編本。

史記功比說一卷，清張錫瑜撰，存。

重修清志著錄。

廣雅書局叢書本、史學叢書本、叢書集成初編本。

史記七篇讀法二卷，清王又樸撰，存。

重修清志著錄。

清孔氏嶽雪樓紅格鈔本、詩禮堂全集本。

讀史記剳記一卷，清潘永季撰，存。

重修清志著錄。

昭代叢書本。

史記勦說四卷、清史珥撰，存。

重修清志著錄。

四史勦說本。

史記蠡測一卷，清林伯桐撰，存。

重修清志著錄。

脩本堂叢書本。

史記辨證十卷，清尚鎔撰，存。

重修清志著錄。

道光庚寅刊本、同治間重刊本、持雅堂全集本。

讀史記一卷，清許玉瑑撰，存。

重修清志著錄。

詩契齋十種本。

史記札記二卷，清李慈銘撰，存。

重修清志著錄。

越縵堂讀史札記本。

史記散筆二卷，清于鬯撰，存。

重修清志著錄。

于香草遺著叢輯本。

史記諍言二卷，清章詒燕撰，存。

重修清志著錄。

鈔本、江陰先哲遺書本。

史記貨殖列傳注一卷，清劉光蕡撰，存。

重修清志著錄。

煙霞草堂遺書本。

史記太史公自序注一卷，清劉光蕡撰，存。

重修清志著錄。

煙霞草堂遺書本。

史記毛本正誤一卷，清丁晏撰，存。

重修清志著錄。

廣雅書局叢書本、叢書集成初編本、六藝堂本。

校勘史記札記五卷、清張文虎撰，存。

重修清志著錄。

同治壬申金陵書局刊本。

史記補注殘稿十卷，清彭蕙南撰，未見。

重修清志著錄。

未見傳本。

史漢箋論十卷，清楊于果撰，存。

重修清志著錄。

楊氏家集本。

史漢駢枝一卷，清成蓉鏡撰，存。

重修清志著錄。

廣雅書局叢書本、史學叢書本、南菁書院叢書本、成氏遺書本。

史記三家注補正八卷，清瞿方梅撰，未見。

書目答問補正著錄。

范希曾謂載學衡，無刻本。

史記訂補八卷，清李笠撰，存。

書目答問補正、販書偶記著錄。

自刻本、民國甲子瑞安李氏橫經室刊本。

史記探源正謬四卷，繆鳳林撰，未見。

書目答問補正著錄。

范希曾謂未刊。

史記天官書恆星圖考一卷，朱文鑫撰，存。

書目答問補正著錄。

上海中華書局排印本。

楚漢諸侯疆域志三卷，清劉文淇撰，存。

書目答問補正、販書偶記著錄。

光緒丙子劉壽曾金陵刊本、吳縣朱記榮刻本、蟄雲雷齋叢書本、槐廬叢書初編本、廣雅書局叢書本、史學叢書本、叢書集成初編本、二十五史補編本。

史記校勘札記一百三十卷論例一卷補一卷，清劉光蕡撰，存。

販書偶記著錄。

光緒乙未陝甘味經書院刊本。

史記私箋一卷，清鹿興世撰，存。

販書偶記著錄。

光緒二十八年山西高平縣刊本。

三史拾遺五卷，清錢大昕撰，存。

販書偶記著錄。

嘉慶十一年刊本、光緒辛卯廣雅書局刊本、潛研堂全書本、嘉定錢氏潛研堂全書本、史學叢書本。

史漢辨疑三卷，清洪基撰，存。

販書偶記著錄。

光緒十六年愼自愛軒重刊本。

四史發伏十卷，清洪亮吉撰，存。

販書偶記著錄。

光緒壬午小石山房刊本。

史記集說一百三十卷，清程餘慶撰，存。

國立中央圖書館善本書目著錄。

清光緒間陽湖錢氏鈔本。

讀史記日記一卷，清查德基撰，存。

叢書子目類編著錄。

學古堂日記本。

讀史記日記一卷，清朱錦綬撰，存。

叢書子目類編著錄。

學古堂日記本。

讀史記，清張履祥撰，存。

叢書子目類編著錄。

重訂楊園先生全集本。

史記弟子傳名字齒居攷一卷，清孫國仁撰，存。

叢書子目類編著錄。

砭愚堂叢書本。

史記考證一百三十卷，清張照等撰，存。

未見著錄。

殿版史記本。

史記佚文一卷，清王仁俊輯，存。

叢書子目類編著錄。

經籍佚文本。

史記選八卷，清孫琮輯，存。

叢書子目類編著錄。

山曉閣文選本。

史記鈔四卷，清高嵣集評，存。

叢書子目類編著錄。

高梅亭讀書叢鈔本。

史記菁華錄六卷，清姚苧田摘錄，存。

叢書子目類編著錄。

趙氏藏書十五種本。

史記瑣言三卷，民國沈家本撰，存。

叢書子目類編著錄。

沈寄簃先生遺書乙編本。

讀史記蠡述三卷，民國李澄宇撰，存。

叢書子目類編著錄。

未晚樓全集本。

史記達旨一卷，民國魏元曠撰，存。

叢書子目類編著錄。

魏氏全書本。

太史公書義法二卷，民國孫德謙撰，存。

叢書子目類編著錄。

孫隘堪所著書本。

史記評議四卷，民國李景星撰，存。

叢書子目類編著錄。

四史評議本。

太史公繫年考略一卷，民國王國維撰，存。

叢書子目類編著錄。

廣倉學宭叢書甲類第二集本。

太史公疑年考一卷，民國張惟驤撰，存。

叢書子目類編著錄。

小雙寂庵叢書本。

史記扁鵲倉公傳補注三卷，民國張驥撰，存。

販書偶記著錄。

民國癸酉成都張氏刊本、醫古微本。

其他尚有諸史合考及近作若干種，不在此列。

諸史合考者，如清王鳴盛十七史商榷、錢大昕廿二史考異、趙翼廿二史劄記等是也。

近作者，如張興唐史記漢書匈奴地名今釋、朱自清太史公與史記、王駿圖史記舊注平義、史次耘司馬遷與史記、世界書局二十五史述要、開明書店史記考索、水澤利忠史證會注考證校補、施之勉及張以仁之讀史記會注考證札記等是也。

二　戰國策考

戰國策者，蒯通所作，記戰國時代及楚漢之際，馳說之士，以縱橫之說，爲時君策謀之史籍也。

按：戰國策作於蒯通，詳後考。

據讀未見書齋重雕剡川姚氏本戰國策目次，知此書所記爲東周、西周、秦、齊、楚、趙、魏、韓、燕、宋、衞、中山諸國之事。劉知幾史通六家所說亦同。

劉向戰國策敘錄：「戰國時游士，輔所用之國，爲之筴謀，宜爲戰國策。其事繼春秋以後，訖楚漢之起，二百四十五年間之事。」曾鞏重校戰國策序：「此書之作，則上繼春秋，下至秦漢之起，二百四五十年之間，載其行事。」王覺題戰國策：「其要旨主於利言之，合從連横，變詐百出。然自春秋之後，以迄于秦，二百餘年興亡成敗之迹，粗見於是矣。」以上三家所說戰國策之內容，大致相同。

戰國策爲史籍，亦詳後。

其說奇，其事備，其文煥。游士據之以益智，史家資之以修史，墨客模之以增藻。

劉向戰國策敘錄：「皆高才秀士，度時君之所能行，出奇筴異智，轉危爲安，運亡爲存，亦可喜，皆可觀。」李文叔書戰國策後：「戰國策所載，大抵皆從横、捭闔、譎誑、相輕、傾奪之說也。……以下求小，以高求大，縱之以陽，閉之以陰，無非微妙難知之情。」陳仁錫國策國語選評自序：「嘗謂策以見智，語以載事，故國策、國語之文，雖非六經之比，然亦當時智謀之略，事類之故，所必稽焉。」以上三家所論略同。是戰國策記從橫之說，奇異詭變，讀之足以益智也。

班固漢書司馬遷傳贊：「司馬遷據左氏、國語，采世本、戰國策。」鮑彪戰國策序：「國策，史家之流也，其文辯博，有煥而明，有婉而微，有約而深，太史公之所考本也。」耿延禧戰國策括蒼刊本自序：「此先秦古書，其敍事之備，太史公取以著史記；而文辭高古，子長實取法焉。」以上三家皆謂司馬遷采戰國策以著史記。蓋戰國策敍事詳備，戰國時代二百餘年間興亡成敗之迹，盡在此書，故足資之以修史。

李文叔書戰國策後：「人讀之，則必鄉其說之工，……文辭之勝移之而已。」鮑彪亦謂「其文辯博，有煥而明，有婉而微，有約而深」，耿延禧亦謂其「文辭高古」，是此書非僅足以益智修史，亦可以增藻也。

李夢陽謂其譎巧會該，四尚足傳，信矣。

李夢陽刻戰國策序：「策有四尚，尚一足傳，傳斯述矣，況四乎？四者何也？錄往者迹其事，考世者證其變，考文者模其辭，好謀者襲其智。襲智者譎，模辭者巧，證變者會，迹事者該。」是眞能知戰國策者矣。

(一) 撰人考

今傳戰國策本書，未標撰人姓氏。班固漢志著錄三十三篇，列於世本及秦事之間，亦未言作者何人；

班固漢書藝文志六藝略春秋：「戰國策三十三篇。」自注：「記春秋後。」

唯據其司馬遷傳贊所言，則似認此書爲秦人所撰。

班固漢書司馬遷傳贊：「春秋之後，七國並爭，秦兼諸侯，有戰國策。」

劉勰文心，亦同其說。

劉勰文心雕龍：「從橫之世，史職猶存，秦幷七王，而戰國有策。」

隋志小序，則疑爲戰國游士所作。

長孫無忌等隋書經籍志雜史小序：「漢初，得戰國策，蓋戰國游士記其策謀。」

所說皆在疑似之間，未能遽定。及唐代書目史志，著錄此書，則多明言劉向撰作。

藤原佐世日本國見在書目錄：「戰國策三十三卷，劉向撰，高誘注。」

劉昫唐書經籍志雜史：「戰國策三十二卷。」注：「劉向撰。」

歐陽修新唐書藝文志雜史類：「劉向戰國策三十二卷。」

而其後目錄書，不復言及。

崇文總目僅言「劉向錄」，四庫全書總目亦言「戰國策乃劉向裒合諸記，併為一編」，其餘如中興館閣書目、宋志、千頃堂書目、文淵閣書目、內閣藏書目錄、清志及各補志，雖著此書，皆不言劉向撰。

是為空前絕後之說矣。近代考證之風盛，研究戰國策之撰人問題者，頗不乏人。較著者，清人如紀昀、牟默人，近人如金德建、羅根澤、諸祖狄、張心徵等是也。

所見雖未能完全一致，然皆不主戰國策為劉向、秦人或戰國游士所撰作。紀昀及張心徵皆謂戰國策為劉向所編，編非撰也。

要而言之，約有二說，最值重視：一說戰國策作於蒯通；一說蒯通始作，主父偃續成。主戰國策作於蒯通者，牟默人、羅根澤、諸祖狄諸人是也。

牟默人之說，見於雪泥書屋雜誌；羅根澤之說，見於戰國策作於蒯通考、戰國策作於蒯通考補證、跋金德建先生戰國策作者之推測；諸祖狄之說，見於戰國策逸文考。

歸納其說，其證有四：一，據史記田儋列傳及漢書蒯通傳，知蒯通善為長短說，嘗論戰國時說士權變，亦自序其說，號曰雋永。

牟默人雪泥書屋雜誌：「史記田儋列傳曰：『蒯通善為長短說，論戰國之權變為八十一首。』漢書蒯通傳亦曰：『通論戰國時說士權變，亦自序其說，凡八十一首，號曰雋永。』」

羅根澤戰國策作於蒯通考：…「考史記田儋列傳：『蒯通者，善爲長短說，論戰國權變爲八十一首。』…所謂『八十一首』者，史明言『論戰國權變』，則必爲論述戰國權變之書，與戰國策性質全同。」

諸祖狄戰國策逸文考亦引史記田儋列傳之文。

二，據司馬貞史記淮陰侯列傳索隱，知唐時戰國策尚有蒯通說韓信之文，卽所謂「自序其說」者。牟默人雪泥書屋雜誌：「史記淮陰侯列傳載蒯通以相人說韓信，而索隱以爲漢書及戰國策皆有此文，是則唐時戰國策尚有蒯通說信之說，唐以後人始刪去之也。戰國策而有蒯通之說，疑卽通傳所謂『論戰國權變，亦自序其說』者也。」

羅根澤戰國策作於蒯通考補證：「史記淮陰侯列傳詳載蒯通說韓信自立之言，司馬貞索隱謂『案漢書因及戰國策皆有此文。』（因及，以及也。）…戰國策何以有此文？考漢書蒯通傳曰：『通論戰國時說士權變，亦自序其說，凡八十一首，號曰雋永。』…知通論戰國權變之書，亦兼載自己之說，與索隱謂戰國策亦載通說信言，合而觀之，更可證明戰國策確作於蒯通。」

諸祖狄戰國策逸文考：「…右千二百三十字，史記淮陰侯傳文。索隱曰：『按漢書及戰國策皆有此文。』案漢書藝文志縱橫家有蒯通蒯子五篇，王先謙補注引王應麟曰：『本傳：論戰國時說士權變，亦自序其說，凡八十一首，號曰雋求。』然則此文殆蒯子雋永中語，所謂『自序其說』者也。」

三，劉向謂中書本號，或曰短長，或曰長書，或曰脩書，「修」「長」與「雋」「永」，義得相通，則「雋永」蓋亦戰國策別號。

牟默人雪泥書屋雜誌：「其書號曰雋永，與中書本號長書、修書者亦相似，修、長皆永之義也。史記名爲長短說，亦卽中書本號或曰短長者是也。以此言之，戰國策卽蒯通所作八十一首甚明。」

羅根澤戰國策作於蒯通考：「（史記）又言『通善爲長短說』，而戰國策亦曰短長，曰長書，或曰修書，脩通修，義亦訓長。然則戰國策蓋卽蒯通所論述者也。」

諸祖狄戰國策逸文考：「劉向所舉六名，國事、事語、國策，皆依質爲名；長書、修書、短長，則以趣爲名。修之與雋，長之與永，義並得通。知向所見中書，卽蒯通所序、邊通主父偃輩所學者矣。」

四，蒯通楚漢間人，故其書「繼春秋以後，訖楚漢之起。」（劉向語。）

羅根澤戰國策作於蒯通考：「蒯通必爲楚漢時人，適少後戰國策之終。戰國策所記，非一時之事，亦非一人之言，而全書一律，自成一體，知出一人一手之董理潤色。」

主蒯通始作，主父偃續成者，唯金德建一家。

金氏之說，見於戰國策作者之推測。

其理由有七：一，據顏師古漢書張湯傳注，知戰國策別名「長短書」，而蒯通、主父偃二人皆「學長短」者。

金德建戰國策作者之推測：「蒯通善爲長短說，他無疑的是長短說的整理成書者，而主父偃輩乃是後來的『學長短』者。但是再看到漢書張湯傳顏注說：『戰國策名長短書』，所謂『長短書』者，原來就是戰國策的別名，這就可想見戰國策原本是蒯通他們的書了。」

二，漢志著錄蒯通五篇、主父偃二十八篇，正合劉向所定戰國策三十三篇之數。

金德建戰國策作者之推測：「戰國策的篇數，根據劉校及漢志均屬三十三篇。至於漢志所記蒯通僅止五篇，然而漢志所記主父偃亦有二十八篇，以二十八篇加上了五篇，剛巧也是三十三篇。……這篇數的符合，更足以使我們相信蒯通、主父偃的書原即是戰國策無疑。漢志上蒯通、主父偃二家的書並不會亡逸，實際就是一部戰國策，在漢代有時候分析爲二書。」

三，戰國策在劉向定名以前，書名並不統一，則其著者爲非一人可知。

金德建戰國策作者之推測：「劉向序說：『書本號，或曰國策，或曰國事，或曰短長，或曰事語，或曰長書，或曰修書。』書名如此的不統一，則其著者爲非一人可知。大概蒯通先成五篇，而其餘二十八篇主父偃續，說不定還不止主父偃一人。總之，續的篇數是二十八篇。劉向見了這許多雜亂的書，而內容却都是記戰國縱橫的事情，於是併成一書，號曰戰國策。」

四，今本戰國策每篇約有十餘首，漢志所著蒯通五篇，以每篇十餘首計之，則與史記所云八十一首正合。

金德建戰國策作者之推測：「現在的戰國策每篇約有十餘首，蒯通書漢志有五篇，以每篇十餘首計之，則與史記所云蒯通書八十一首亦合。因爲蒯通是長短說的整理者，是戰國策最早一個的著者，所以蒯通的八十一首，史記已經見到，而主父偃的書在史記中就沒有說起了。」

五，史記採用戰國策約有八九十事，與史遷所見之蒯通八十一首數目相近。

金德建戰國策作者之推測：「史記中採用戰國策大約有八九十事（姚寬云：『太史公所採九十三事，內不同者五。』黃丕烈云：『今數之多不合。』）與他僅見的蒯通八十一首的數目相差不多，這也是蒯通書即是戰國策而被史記採取的明證。」

六、蒯通齊人，故戰國策中紀事以齊最多。

金德建戰國策作者之推測：「蒯通，齊國人，所以戰國策中紀事亦以齊爲最多。今本三十三篇的分法，雖爲劉向所定，但是其中屬於齊國的已經占有六篇，比較各國爲多。這也可看出是齊人蒯通所作，所以紀事偏重於齊國。」

七、漢書蒯通傳記通說徐公、韓信、曹參之事，文辭之誇誕好辯及文法之組織，與戰國策毫無二致。

金德建戰國策作者之推測：「漢書蒯通傳記載蒯通說徐公、說韓信、說曹相國的幾篇文字，其中文辭的誇誕好辯以及文法的組織，都與戰國策毫無二致。可知蒯通的才能，確也有著戰國策的可能。……其中一部份司馬遷所採及的，是秦、漢之交的蒯通所作；其餘的，是蒯通、主父偃以後他們的一派人所作，其作期最後也不得後於劉向。」

以上關於戰國策撰人之各說，以牟默人、羅根澤、諸祖狄之說最為近是。蓋戰國策一書，記有楚、漢之事，戰國游士及秦人未及見，則主戰國游士或秦人所作之說不足取。又其書雖經劉向之校定敘錄，然校錄究非撰著，是主劉向所作之說亦不足取。又羅根澤辨主父偃非戰國策之作者，不贊成金德建所謂戰國策三十三篇，為蒯子五篇、主父偃二十八篇相合之說，所辨亦甚合理。

羅根澤跋金德建先生戰國策作者之推測：「惟金先生謂戰國策三十三篇，為蒯子五篇、主父偃二十八篇之合，則未敢苟同。……戰國策的三十三篇，出劉向所釐定，原本是否三十三篇，頗有問題；其有國別者，便止有八篇。……蒯子五篇，主父偃二十八篇，大約也經過劉向的編校。但假設共為戰國策的三十三篇，則必須是蒯通所論述的是某幾國之策，主父偃所論述的是別幾國之策，合起來，恰是劉向校定的東周策一篇、西周策一篇、秦策五篇、齊策六篇、楚策四篇、趙策四篇、魏策四篇、韓策三篇、燕策三篇、宋衞策一篇、中山策一篇。蒯通所論者，主父偃未論；主父偃所論者，蒯通未論。除非兩個人分工合作，不會這樣巧合。然而蒯通是高帝時人，主父偃是武帝時人，當然不會分工合作。……我認為主父偃並不是戰國策的作者，他的二十八篇書，並不是戰國策的一部份。」

且金氏主張主父偃爲戰國策作者之另二理由，亦薄弱而難以成立。主父偃固是學長短者，然學長短者非皆爲戰國策之作者，此其一。書名不統一，古書多如此，非戰國策一書然也，此其二。

至金氏所證蒯通部分，益足證牟默人諸人所說之可取。故今亦以爲戰國策乃蒯通之書也。蒯通，漢初人也。本籍燕，後游於齊。

班固漢書蒯伍江息夫傳：「蒯通，范陽人也。」師古注：「涿郡之縣也，舊屬燕。通本燕人，後游於齊，故高祖云：齊辯士蒯通。」

原名徹，史家爲避武帝諱，乃追書爲通。

說文解字：「徹，通也。」

爲人機智，善爲長短說。楚漢初起，武臣略定趙地，號武信君。通說范陽令徐公降之，乃爲武信君不攻而下城三十餘。

詳見漢書本傳。其說徐公之警句有：「竊閔公之將死，故弔之，雖然，賀公得通而生也。」其說武信君則曰：「必將戰勝而後略地，攻得而後下城，臣竊以爲殆矣！用臣之計，毋戰而略地，不攻而下城，傳檄而千里定，可乎！」於是「武臣以車百乘、騎二百、侯印迎徐公，燕、趙聞之，降者三十餘城，如通策焉。

其後漢將韓信，引兵東擊齊，未至，聞漢王使酈食其說下齊，信欲止。通說之，信遂度河，襲齊。齊王以酈生欺己而烹之，因敗走。信遂定齊地，自立爲齊假王。

詳見漢書本傳。蒯通說韓信曰：「酈生一士，伏軾掉三寸舌，下齊七十餘城；將軍將數萬之衆，迺下趙五十餘城，爲將數歲，反不如一豎儒之功乎？」以激將之法，滅齊，喪酈生，其掉三寸舌之效爾！

漢方困於滎陽，遣張良卽立信爲齊王，以安固之。項王亦遣武涉說信，欲與連和。蒯通知天下權在信，欲其背漢鼎足而三，乃說之。信以漢遇我厚，豈可見利背恩，不聽。通復說之再三，信猶豫不忍背漢，又自以功多，漢不奪我齊，遂謝通。通說不聽，惶恐，乃陽狂爲巫。

詳見史記及漢書本傳。通說信之精句有：「蓋聞天與弗取，反受其咎；時至弗行，反受其殃。」「患生於多欲，而人心難測也。」「語曰：『野禽殫，走犬亨；敵國破，謀臣亡。』」「勇略震主者身危，功蓋天下者不賞。」「猛虎之猶與，不如蠭蠆之致螫；孟賁之狐疑，不如童子之必至。」「夫功者難成而易敗，時者難値而易失，時乎時不再來！」

天下既定，後信以罪廢爲淮陰侯，謀反被誅，臨死言悔不用蒯通之言。高帝聞之，乃召通，欲亨之。通對以狗各吠非其主，上迺赦之。

詳見史記及漢書本傳。高帝問通何以敎韓信反，通對曰：「狗各吠非其主。……且秦失其鹿，天下共逐之，高材者先得。天下匈匈，爭欲為陛下所為，顧力不能，可殫誅邪？」

齊悼惠王時，曹參為相，禮下賢人，請通為客。通乃為之拾遺舉過，顯賢進能，頗有功焉。

詳見漢書本傳。通舉齊處士東郭先生、梁石君，參皆以為上賓。

通論戰國時說士權變，亦自序其說，凡八十一首，號曰雋永，即今傳戰國策是也。

㈡ 書名考

蒯通始作，號曰雋永。

見班固漢書蒯伍江息夫傳。

其後流傳，書名不一：或曰國策，或曰國事，或曰短長，或曰事語，或曰長書，或曰脩書。

見劉向戰國策敍錄。

名雖殊異，義實相關。

雋、永、長、脩，義並相通。策謀國事，縱橫短長，思之於腦，語之於口。故書或曰國策，或曰事語云云。

迄乎劉向，奉詔校書，循實求名，定稱曰戰國策。

班固漢書藝文志序：「成帝時，以書頗散亡，使謁者陳農求遺書於天下，詔光祿大夫劉向校經傳、諸子、詩賦。」

劉向戰國策敍錄：「臣向以爲：戰國時游士，輔所用之國，爲之筴謀，宜爲戰國策。」

後代沿襲，至今不改。

漢志、姚氏後漢志、隋志、唐志、宋志、補元志、文淵閣書目、四庫全書總目，及現今各書局所印行者，皆曰戰國策。

金德建推測戰國策之作者，以爲此書原名蒯通書，

金德建戰國策作者之推測：「司馬遷見過的戰國策，在當時叫做什麼名稱？依我的假設，即蒯通書。」

其所持之理由，謂漢志著有蒯通一書。

金德建戰國策作者之推測：「至於漢志春秋家已有戰國策三十三篇，而縱橫家復有蒯通、主父偃者，這重複並不足爲蒯子等不是戰國策之證，因爲漢志的體裁本有這互著的一例（章實齋說），可以彼此著錄的。春秋家是劉向定本新的戰國策，而縱橫家的蒯子等，乃是未定以前的舊戰國策。」

實則漢志並無書名曰蒯通者，蓋誤蒯子爲之也；

班固漢書藝文志縱橫家：「蒯子五篇。」自注：「名通。」

而蒯子屬縱橫，戰國策屬春秋，性質迥別，並非一書。

蒯子爲思想之書，言不必有實據；戰國策乃史書，雖亦有思想成份，然必言之有據。

漢志編目，實無互著之例。或見道家有孫子一書，疑以爲與兵權謀家之吳孫子兵法互著。殊不知道家之孫子爲戰國時人，兵家之孫子爲春秋之孫武也。

班固漢志，即劉歆七略之化身。七略所著錄者，皆劉向校定之書。然則戰國策自戰國策，蒯子自蒯子，斷不至同一書而有定與未定，分屬異類也。

故今以其推測無根，持據欠當，不取其說。

(三) 類屬考

此書類屬，漢志附于春秋，姚氏後漢志、隋志、舊唐志、新唐志、崇文總目、千頃堂書目、補遼金元藝文志、文獻通考經籍考、四庫全書總目、清志、兩漢遺籍輯存等，皆入諸雜史，皆以戰國策爲史書。然亦有不入史部者：晁公武以爲其紀事不皆實錄，難盡信，而附縱橫；

> 晁公武郡齋讀書志：「歷代以其紀諸國事，載於史類。予謂其紀事不皆實錄，難盡信，蓋出於學縱橫者所著，當附於此。」按：此者，指縱橫家類。

中興館閣書目、宋志、補三史藝文志所歸類別，亦同晁氏；近人諸祖狄亦謂國策所載，本非國史，乃縱橫家所錄以資揣摩而作談助者。

諸祖狄之說，見其戰國策逸文考。

唯紀昀力辨，以爲遷作史記，嘗據戰國策，則戰國策之爲史類，更無疑義。

紀昀四庫全書總目：「漢藝文志戰國策與史記爲一類，歷代史志因之。晁公武讀書志始改入子部縱橫家，文獻通考因之。案：班固稱司馬遷作史記，據左氏、國語，采世本、戰國策，述楚漢春秋，接其後事，迄於天漢。則戰國策當爲史類，更無疑義。」

牟默人亦謂此書以論戰國時事，故繼春秋後，不入縱橫家。

見牟氏雪泥書屋雜誌。

梁啓超嘗言，古之史家，有異乎今，多藉史事以立一家之言。

梁啓超要籍解題及其讀法：「『爲作史而作史』，不過近世史學家之新觀念。從前史家作史，大率別有一『超史的』目的，而借史事爲其手段。」梁氏並舉孔子作春秋、司馬遷作史記，不過其「一家之言」，乃借史之形式以發表耳。

準此爲言，則戰國策固爲縱橫家之言，然其內容記戰國、楚、漢間縱橫之事，入之史類，乃理所當然。故此書實宜歸諸雜史也。

(四) 存佚考

劉向校中戰國策書，理錯亂，除重複，定著三十三篇。

劉向戰國策敍錄：「所校中戰國策書，中書餘卷，錯亂相糅。…除復重，得三十三篇。」

漢志著錄，亦同此數。

班固漢書藝文志六藝略春秋：「戰國策三十三篇。」

自注：「記春秋後。」

然至隋志，則著錄三十二卷及二十一卷兩種，或少一篇，或少一十有二。

長孫無忌等隋書經籍志雜史：「戰國策三十二卷。」

注：「劉向錄。」

又：「戰國策二十一卷。」注：「高誘撰注。」

豈迄隋而殘？或合併之乎？

三十二卷爲劉向校定本，或至隋而佚一卷？

二十一卷爲高誘注本，豈是高誘合併爲之？

觀乎新舊唐志，皆三十二卷，而日本國見在書目錄則著三十三卷。

劉昫唐書經籍志雜史：「戰國策三十二卷。」注：「劉向撰。」

又：「戰國策三十二卷。」注：「高誘注。」

藤原佐世日本國見在書目錄：「戰國策三十三卷，劉向撰，高誘注。」

然則各志或據殘本，或據合併之本，而完本則仍存於隋唐時也。

隋志及兩唐志所著錄，或係殘本，或係合併本，而日本國見在書目錄所著錄，則係完本也。

至宋，據崇文總目，知此書僅存二十二卷，佚闕一十又二卷。

王堯臣等崇文總目雜史類：「戰國策二十二卷。」

又：「今篇卷亡闕，第二至十、三十一至三闕。」

按：王堯臣時，戰國策已闕佚不全，王氏著錄較完之本，得二十二卷本，佚十一卷，連闕則共十二卷。

曾鞏自云訪諸士大夫家，正其誤謬，而後三十三篇復完。

曾鞏重校戰國策序：「劉向所定著戰國策三十三篇，崇文總目稱十一篇者闕。臣訪之士大夫家，始盡得其書，正其誤謬，而疑其不可考者，然後戰國策三十三篇復完。」

故自中興館閣書目以後，均著三十三卷。

陳騤等中興館閣書目、脫脫等宋史藝文志、紀昀等四庫全書總目、楊師家駱兩漢遺籍輯存，均著錄戰國策三十三卷。是則此書自劉向校定為三十三篇之後，閒嘗散佚，吾人今日得見其原數者，端賴曾氏之賜也。

(五) 注疏考

戰國策之注疏，見諸史志或公私目錄者有：

戰國策三十三卷，漢高誘注，今存十篇。

姚氏後漢志、日本國見在書目錄、中興館閣書目、宋志、四庫全書總目著錄三十三卷，隋志、舊唐志、新唐志著錄三十二卷，唯崇文總目著錄八卷。

紀昀等四庫全書總目考證：今本乃宋姚宏校本，其中誘注者，僅二卷至四卷、六卷至十卷，與崇文總目著錄八篇數合；又三十二、三十三兩卷，合前八卷，與曾鞏重校戰國策序所云「今存者十篇」數合。而其餘二十三卷，則姚氏考校或續注者也。

戰國策三十三卷，漢高誘注，宋姚宏續注，存。

中興館閣書目、宋志、四庫全書總目著錄。

高誘注本，迄宋存十篇。姚氏據諸本校定之，總四百八十餘條，加注於正文之下。其於高注之外而續為之注者，則題「續」以別之。正文遺逸，則據諸書所引補之。（詳見姚氏題戰國策。）

雅雨堂藏書本、四庫全書本、畿輔叢書本、士禮居黃氏叢書本、袖珍古書讀本本、叢書集成初編本、四部備要本（後四種附有黃丕烈札記三卷）。以上均係叢書本，單行本略。

戰國策十卷，宋鮑彪校注，存。

宋志、四庫全書總目著錄。

鮑氏以高誘注本既疎略無所稽據，注又不全，寖微寖滅，殆于不存。於是考史記諸書，爲之注，定其章條，正其衍脫，而存其舊。地理本之漢志，字訓本之說文。（見鮑氏戰國策序。）

宋紹興刊本、元刊本、明嘉靖戊子吳門龔雷覆宋刊本、明嘉靖壬子吳郡杜詩覆宋刊本、明萬曆九年巴郡張一鯤校刊本、四庫全書本、摛藻堂四庫全書薈要本。

戰國策校注十卷，宋鮑彪注，元吳師道校注，存。

千頃堂書目、補遼金元志、補三史志、續文獻通考經籍考、補元志、四庫全書總目著錄。

吳氏之校注此書，係鑑於高注之疏略、鮑注之謬妄（專以史記爲據，徑加改字；又引書不足，淺陋致誤），乃因鮑注，正以姚本，參之諸事，而質之大事記，存其是而正其非。（詳見吳氏戰國策校注序）

惜陰軒叢書本、四庫全書本、四部叢刊本、國學基本叢書本、萬有文庫薈要本。單行本略。

戰國策十卷，明穆文熙纂注，存。

國立中央圖書館善本書目著錄。
明萬曆間河南道監察御史劉懷恕校刊本。
戰國策十二卷，明閔齋伋裁注，存。
國立中央圖書館善本書目、國立中央研究院歷史語言研究所善本書目著錄。
明萬曆己未烏程閔氏刊本。
戰國策正解十卷，日本橫田惟孝撰，存。
國立中央圖書館善本書目著錄。
日本文政九年後雕園刊本。
戰國策注三十三卷，清于鬯撰，存。
重修清志著錄三十五卷（疑爲三十三卷之誤）。
于香草遺著叢輯本（三十三卷）。
戰國策補釋六卷，清金正煒撰，存。
販書偶記著錄。
民國甲子金氏十梅館刊本。
戰國策補注三十三卷，吳曾祺撰，存。

販書偶記著錄。

民國十三年鉛字排印本。

戰國策新釋，□□□撰，存。

叢書大辭典著錄。

起聖齋叢書本。

此外，據續文獻通考經籍考所著錄，似尚有姚寬及鮑恢注本。

欽定續文獻通考經籍考雜家：「姚氏戰國策，姚寬著。」又：「鮑氏戰國策，鮑恢著。」

唯其他書目未見著錄，今亦未見傳本，蓋誤以姚宏為姚寬，以鮑彪為鮑恢也。吳師道亦以為姚寬嘗注此書，而黃丕烈已辨其非矣。

吳師道戰國策跋：「姚氏兄弟，皆嘗用意此書。寬所註者，今未之見，不知視宏又何如也？」吳氏雖以為姚寬嘗注正書，然猶未見也。

黃丕烈於重刻剡川姚氏本吳師道戰國策跋末注曰：「（吳氏）又云：『乃知姚氏兄弟，皆嘗用意此書』云云，亦不然。假使令威（姚寬）自有注，不容此序（姚宏序，姚寬書者）中不及伯聲（姚宏）校一字也。」蓋姚寬書姚宏之序，而吳氏即誤以為姚寬撰序，因亦誤以為寬注此書也。

(六) 專著考

歷代考究戰國策而有專著，其較著者有：

戰國策論一卷，漢延篤撰，佚。

姚氏後漢志、隋志、舊唐志、新唐志著錄。

侯康補後漢書藝文志：「據諸書所引，全非論體，顏黃門稱戰國策音義，其名似勝隋、唐志。」

姚振宗後漢藝文志：「其書卷首或有論，隋、唐志遂以論名之，此亦鄭漁仲所謂見前不見後之類歟？延叔堅有史記音義，自以顏黃門所稱爲得其實。」按：顏黃門所稱，見顏氏家訓書證篇。

戰國策春秋三十卷，晉木概撰，佚。

文氏補晉志著錄。

文廷式補晉書藝文志：「元和姓纂：晉有木概，著戰國策春秋三十卷，見七錄。」

戰國策考，宋高似孫撰，佚。

子略著錄。

高似孫子略：「盡取戰國策與史記同異，又與說苑、新序雜見者，各彙正之，名曰戰國策考。」

國策異同四卷，明宋存標撰，存。

販書偶記著錄。

孫殿起販書偶記：「無刻書年月，約順治間刊。」

戰國策談棷十卷，明張文爟撰，存。

欽定續文獻通考經籍考、四庫全書總目存目著錄。

紀昀等四庫全書總目：「是書全用吳師道補正鮑彪之本，惟增入李斯諫逐客書。……注中國名人名，或閒補數言。餘皆采諸家評語，書之簡端，宂雜特甚，所謂談棷，即指是也。棷，集韻蘇后切，與藪同，談棷即談藪，特變易其字以見異耳。」按：此書殆類乎史記評林，談棷意即評林也。

明萬曆間原刊本。

七雄策纂八卷，明穆文熙編，存。

四庫全書總目存目著錄。

紀昀等四庫全書總目：「是編取戰國策之文，加以評語，並集諸家議論，附於上闌。大抵剿襲陳因，無所考證。」

乾隆間安徽巡撫採進本。

國策膾四卷，明項應祥編，存。

國立中央圖書館善本書目著錄。

明末刊本。

戰國策去毒二卷，清陸隴其編，存。

四庫全書總目存目、清志著錄。

紀昀等四庫全書總目：「此書前有自記，謂戰國策一書，其文章之奇，足以悅人耳目；而其機變之巧，足以壞人心術；如厚味之中，有大毒焉。故今舉文士所共讀者，指示其得失，庶幾嚌其味而不中其毒也，故以去毒名。」

陸子全書本。

戰國策釋地二卷，清張琦撰，存。

清志著錄。

宛鄰書屋叢書本、式訓堂叢書本、新陽趙氏叢刊本、廣雅書局叢書本、叢書集成本。

國策地名考二十卷，清程恩澤撰，狄子奇箋，存。

清志著錄。

道光辛卯狄氏刊本、粵雅堂叢書本。

讀戰國策隨筆一卷，清張尚瑗撰，存。

清志著錄。

昭代叢書本。

戰國策札記三卷，清黃丕烈撰，存。

清志著錄謂顧廣圻撰，誤也。

士禮居黃氏叢書本、袖珍古書讀本本、叢書集成本、四部備要本等高誘注姚宏續注本附本。

戰國策釋例五篇，清顧廣圻撰，未見。

見顧氏戰國策跋。

國策編年一卷，清顧觀光撰，存。

書目答問補正著錄。

光緒間刊本、武陵山人遺書本。

戰國策通考八卷，附錄註解正誤一卷，日本常陽碕允明哲夫撰，存。

販書偶記著錄。

安永丁酉絳雪館精刊本（即乾隆四十二年刊本）。

戰國策佚文一卷，清王仁俊輯，存。

叢書子目類編著錄。

經籍佚文本。

戰國策約選四卷，清劉曾祿撰，存。

叢書子目類編著錄。

祥符劉氏叢書本。

國策鈔二卷，清高嵣集評，存。

叢書子目類編著錄。

高梅亭讀書叢鈔本。

國策精語一卷，清徐經輯，存。

叢書子目類編著錄。

雅歌堂全集本。

戰國策節鈔不分卷，清熊啓光編，存。

國立中央圖書館善本書目著錄。

鈔本。

三　楚漢春秋考

楚漢春秋者，陸賈所撰，以記漢王與楚王相爭及漢初立國事蹟之史書也。

班固漢書司馬遷傳贊：「漢興，代秦，定天下，有楚漢春秋。」

劉勰文心雕龍史傳：「漢滅嬴、項，武功積年，陸賈稽古，作楚漢春秋。」

司馬貞史記集解序「楚漢春秋」索隱：「漢太中大夫楚人陸賈所撰，記項氏與漢高祖初起及說惠、文間事。」

長孫無忌等隋書經籍志雜史小序：「陸賈作楚漢春秋，以述誅鋤秦、項之事。」以其爲漢興之後首部史籍，故遷作史記，多取材焉。

班固漢書司馬遷傳贊：「司馬遷據左氏、國語，采世本、戰國策，述楚漢春秋，接其後事，訖于天漢。」

按：楚漢春秋早佚，今有輯本傳世。據今傳輯本及前人所引所考，知其所記史事，有與史記殊異者，劉知幾史通雜說、洪邁容齋隨筆、王應麟困學紀聞辯之詳矣。蓋前人作史，後人資之，改易增損，所在多有也。

(一) 撰人考

楚漢春秋之爲陸賈所撰，首見於七略、漢志；

班固漢書藝文志六藝略春秋：「楚漢春秋九篇。」自注：「陸賈所記。」按：漢志承襲於七略，故七略雖亡，仍知其嘗著錄此書。

其後隋、唐之志，所著亦同。

長孫無忌等隋書經籍志雜史：「楚漢春秋九卷。」注：「陸賈撰。」

劉昫唐書經籍志雜史：「楚漢春秋二十卷。」注：「陸賈撰。」

歐陽修唐書藝文志雜史類：「陸賈楚漢春秋九卷。」

陸賈，楚人也。以客從高祖定天下，名爲有口辯士，居左右，常使諸侯。

見司馬遷史記酈生陸賈列傳。

時中國初定，尉他平南越而王之。高祖使陸賈賜尉他印爲南越王，陸生至，尉他不以禮見之，陸生因進說之，曉以大義。尉他大悅，留與飲數月，稱臣奉漢約，爲越王。歸報，高祖大悅，拜賈爲太中大夫。

史記酈生陸賈列傳：「陸生至，尉他魋結箕倨見陸生。陸生因進說他曰：『足下中國人，親戚昆弟墳墓在眞定。今足下反天性，棄冠帶，欲以區區之越，與天子抗衡，爲敵國，禍且及身矣！且夫秦失其政，諸侯豪傑並起，唯漢王先入關，據咸陽，項羽倍約，自立爲西楚霸王，諸侯皆屬，可謂至彊。然漢王起巴蜀，鞭笞天下，劫略諸侯，遂誅項羽，滅之。五年之間，海內平定，此非人力，天之所建也。天子聞君王王南越，不助天下誅暴逆，將相欲移兵而誅王，天子憐百姓新勞苦，故且休之，遣臣授君王印，剖符通使。君王宜郊迎，北面稱臣，迺欲以新造未集之越，屈彊於此。漢誠聞之，掘燒王先人冢，夷滅宗族，使一偏將將十萬衆臨越，則越殺王降漢，如反覆手耳！』於是尉他迺蹶然起坐，謝陸生曰：『居蠻夷中久，殊失禮義。』因問陸生曰：『我孰與蕭何、曹參、韓信賢？』陸生曰：『王似賢。』復曰：『我孰與皇帝賢？』陸生曰：『皇帝起豐沛，討暴秦，誅彊楚，爲天下興利除害，繼五帝三皇之業，統理中國。中國之人以億計，地方萬里，居天下之膏腴，人衆車轝，萬物殷富，政由一家，自天地剖泮，未始有也。今王衆不過數十萬，皆蠻夷，崎嶇山海間，譬若漢一郡，王何迺比於漢？』尉他大笑曰：『吾不起中國，故王此。使我居中國，何渠不若漢？』迺大說陸生，留與飲數月，曰：『越中無足與語，至生來，令我日聞所不聞。』賜陸生橐中裝直千金，他送亦千金。陸生卒拜尉他爲越王，令稱臣奉漢約。」

陸生時時前說稱詩書，道仁義，高祖乃命著書，因述存亡之迹，得失之徵，號曰新語。

史記酈生陸賈列傳：「陸生時時前說稱詩書，高帝罵之曰：『迺公居馬上而得之，安事詩、書？』陸生曰：『居馬上得之，寧可以馬上治之乎？且湯、武逆取，而以順守之，文武並用，長久之術也。昔者吳王夫差、智伯，極武而亡；秦任刑法不變，卒滅趙氏。鄉使秦已并天下，行仁義，法先聖，陛下安得而有之？』高帝不懌，而有慙色，迺謂陸生曰：『試為我著秦所以失天下，吾所以得之者何？及古成敗之國。』陸生迺粗述存亡之徵，凡著十二篇。每奏一篇，高帝未嘗不稱善，左右呼萬歲，號其書曰新語。」

孝惠帝時，呂后用事，陸生病免家居，縱歌舞，鼓琴瑟。及諸呂擅權，欲劫少主，危劉氏，乃為右丞相陳平謀，令與太尉絳侯交驩。陳平用其計，卒誅諸呂，立孝文帝。

史記酈生陸賈列傳：「孝惠帝時，呂太后用事，欲王諸呂，畏大臣、有口者。陸生自度不能爭之，迺病免家居，以好畤田地善，可以家焉。有五男，迺出所使越得橐中裝賣千金，分其子，子二百金，令為生產。陸生常安車駟馬，從歌舞，鼓琴瑟，侍者十人，寶劍直百金。……呂太后時王諸呂，諸呂擅權，欲劫少主，危劉氏。右丞相陳平患之，力不能爭，恐禍及己，常燕居深念。陸生往請，直入坐，而陳丞相方深念，不時見陸生。陸生曰：『何念之深也？』陳平曰：『生揣我何念？』陸生曰：『足下位為上相，食三萬戶侯，可謂極富貴無欲矣。然有憂念，不過患諸呂、少主耳！』陳平曰：『然，為之奈何？』陸生曰：『天下安，注意相；天下危，注意將。將相和調，則士務附；士務附，天下雖有變，即權不分。為社稷計，在兩君掌握耳！臣常欲謂太尉絳侯，絳侯與我戲，易吾言。君何不交驩太尉，深相結。』為陳平畫呂氏數事。陳平用其計，迺以五百金為絳侯壽，厚具樂飲，太尉亦報如之。此兩人深相結，則呂氏謀益衰。陳平乃以奴婢百人，車馬五十乘，錢五百萬，遺陸生爲飲食費。陸生以此游漢廷公卿間，名聲藉甚。及誅諸呂，立孝文帝，陸生頗有力焉。」

孝文帝卽位，欲使人之南越，陳丞相等乃言陸生爲太史大夫，往見尉他，令尉他去黃屋稱制，令比諸侯。皆如意旨。陸生竟以壽終。

見史記酈生陸賈列傳。

按：呂后時，有司請禁南越關市鐵器，尉他乃自尊號爲南越武帝，發兵攻長沙邊邑，敗數縣而去焉。呂后遣將軍往擊之，會暑溼，士卒大疫，兵不能踰嶺。歲餘，呂后崩，卽罷兵。尉他因此以兵威邊，以財物賂遺閩越、西甌、駱，役屬焉，東西萬餘里，迺乘黃屋左纛，稱制，與中國侔。及孝文帝立，乃爲他眞定親冢置守邑，寵賜其昆弟，召賈使南越，讓他自立爲帝，曾無一介之使報者。陸賈既至，他甚恐，爲書謝，去帝制，願長爲藩臣，奉貢職。詳見史記南越尉佗列傳。

(二) 類屬考

先秦、西漢，史籍蓋寡，劉、班著錄，多所比附。

如史記、戰國策，附於六藝略春秋；列女傳、十二州箴，附於諸子略儒家。

以此書名取「春秋」，亦屬記事之書，乃入六藝春秋。

漢書藝文志六藝略春秋：「楚漢春秋九篇。」

考孔子所筆削者，以事繫日，以日繫月，時序不紊，年次井然。而陸賈之書，權記當時，不終一代，非依時序，不屬編年。

劉知幾史通六家：「儒者之說春秋也，以事繫日，以日繫月，言春以包夏，舉秋以兼冬，年有四時，故錯舉以爲所記之名也。」又雜述：「有權記當時，不終一代，若陸賈楚漢春秋，…此之謂偏紀者也。」

是以隋、唐之志，既立四部，乃據其作史體制歸類，改入雜史，既別乎六藝之春秋，亦異於史部之編年。

隋志、舊唐志、新唐志均立經、史、子、集四部，於史部雜史類著錄楚漢春秋，已見前引。

唯此書以「春秋」立名，蓋仿孔子春秋記史之義，非關六藝，亦不取其體制。劉知幾循實責名，乃以爲立名不當，是拘於體制爲言耳。

劉知幾史通題目：「呂、陸二氏，各著一書，唯次篇章，不繫時月，此乃子書、雜記，而皆號曰春秋。…考名責實，奚其爽歟！」

(三) 存佚考

此書隋、唐時仍存，

隋志、舊唐志、新唐志著錄，均見前引。

朱彝尊考其宋初猶未亡，

朱彝尊經義考：「楚漢春秋，顏師古漢書注、李善文選注皆引之，則唐時尚存。又太平御覽亦引之，則宋初猶未亡也。」

而洪邁時已不見，

洪邁容齋三筆：「楚漢春秋一書，今不復見。」

則此書佚於宋中葉也。

崇文總目、宋史藝文志、文淵閣書目、內閣藏書目錄、四庫全書總目等，均未見著錄此書。

書雖亡佚，今有輯本行世：

楚漢春秋一卷，清茆泮林輯，存。

書目答問、兩漢遺籍輯存著錄。

十種古逸書本、後知不足齋叢書本、龍溪精舍叢書本、槐廬叢書本。

楚漢春秋一卷，清洪頤煊輯，存。

書目答問補正、兩漢遺籍輯存著錄。

問經堂叢書本、經典集林本。

楚漢春秋一卷，清黃奭輯，存。

清史藝文志、兩漢遺籍輯存著錄。

漢學堂叢書本、黃氏逸書考本。

四　蜀王本紀考

蜀王本紀者，揚雄所撰，記秦一天下之前，蜀地歷代稱王稱帝及其治蜀之事也。

常璩華陽國志序志：「周失紀綱，而蜀先王，七國皆王，蜀又稱帝。」

姚振宗隋書經籍志考證：「蜀在周時，稱王稱帝，故記其事者，相承稱爲本紀。」

其書內容，據輯本所載及諸書所引，誠如前人所譏，諸多怪力亂神。

劉知幾史通雜說：「揚雄法言，好論司馬遷，……哂子長愛奇多雜。又曰：不依仲尼之筆，非書也。……觀其蜀王本紀，稱杜魄化而爲鵑，荆屍變而爲鼈，其言如是，何其鄙哉！所謂非言之難而行之難也。」

章宗源隋書經籍志考證：「杜宇作帝，死化子規，見文選蜀都賦注。荆尸鼈令，隨江水至湞，與望帝相見，望帝以爲相，以德薄，不及鼈令，乃委國授之而去，此見文選思玄賦注。所記誠涉怪異，然雄言荆地有一死人，名鼈令，非變而爲鼈也。至如武都山精，化爲女子；朱提男子，從天而下，自稱望帝；五丁迎秦女，山崩化爲石；秦襄王時，宕渠郡獻長人二十五丈六尺。此類亦杜宇、鼈令之流。」

而姚振宗獨據華陽國志，力解衆嘲，以爲怪異皆出祝元靈、燕胥二人之所羼。

姚振宗隋書經籍志考證：「諸書言揚雄載諸怪異事，多以爲讖。今考常璩序志，則自司馬相如以下八家，皆無是說。舊傳揚雄書中羼有祝元靈、燕胥之語，皆出二人之所起，集矢於子雲，非其的矣。」

按：常璩華陽國志序志：「本紀既以炳明，而世俗間橫有爲蜀傳者，言蜀王、蠶叢之間，周迴三千歲；又云荊人鼈靈死，屍化西上，後爲蜀帝；周萇弘之血，變成碧珠；杜宇之魄，化爲子鵑；又言蜀椎髻左衽，未知書文，翁始知書學。案蜀紀：『帝居房心，決事參伐。』參伐則蜀分野，言蜀在帝議政之方，帝不議政，則王氣流於西。故周失紀綱，而蜀先王，七國皆王，蜀又稱帝。此則蠶叢自王，杜宇自帝，皆周之叔世，安得三千歲？且太素資始，有生必有死，死，終物也。自古以來，未聞死者能更生，當世或遇有之，則爲怪異。子所不言，況能爲帝王乎？碧珠出不一處，地之相距，動數千里，一人之血，豈能致此？子鵑鳥，今云是巂，或曰巂周，四海有之，何必在蜀？……漢末時，漢中祝元靈，性滑稽，用州牧劉焉談調之末，與蜀士燕胥，聊著翰墨。當時以爲極歡，後人有以爲惑，恐此之類，必起於元靈之由也。惟智者辨其不然，幸也。」唯雄以西漢末年之人，記數百年前之事，除據天祿諸書，容有傳聞在內，怪異不能免，實亦不可厚非也。

(一) 撰人考

漢書藝文志未著錄蜀王本紀，揚雄傳亦不言雄著此書，華陽國志首稱之，

常璩華陽國志序志：「司馬相如、嚴君平、楊子雲…，各集傳記，以作本紀，略舉其隅。其次聖稱賢，仁人志士，言為世範，行為表則者，名挂史錄。」

隋志則著一卷。

長孫無忌等隋書經籍志：「蜀王本紀一卷。」注：「揚雄撰。」

蓋其書初不顯，其後始行也。

揚雄，字子雲，蜀郡成都人也。少而好學，博覽群籍，雅好著述。為人簡易，沈默寡言，安貧樂道。

班固漢書揚雄傳：「雄少而好學，不為章句訓詁通而已，博覽無所不見。為人簡易佚蕩，口吃，不能劇談。默而好深湛之思，清靜亡為，少耆欲。不汲汲於富貴，不戚戚於貧賤，不脩廉隅以徼名當世。家產不過十金，乏無儋石之儲，晏如也。自有大度，非聖賢之書不好也，非其意，雖富貴不事也。先是時，蜀有司馬相如，作賦，甚弘麗溫雅。雄心壯之，每作賦，常擬之以為式。」

年四十餘，以王音之薦，奏羽獵賦，除為郎，給事黃門。

班固漢書揚雄傳贊：「雄年四十餘，自蜀來至，游京師，大司馬車騎將軍王音，奇其文雅，召以

爲門下史，薦雄待詔。歲餘，奏羽獵賦，除爲郎，給事黃門，與王莽、劉歆並。」當成、哀、平間，雄恬於勢力，不附權貴，是以三世不徙官。及王莽簒位，亦復不侯，以耆老久次轉爲大夫。

漢書揚雄傳：「哀帝時，丁傅、董賢用事，諸附離之者，或起家至二千石。時雄方草太玄，有以自守泊如也。」

漢書揚雄傳贊：「哀帝之初，又與董賢同官。當成、哀、平間，莽、賢皆爲三公，權傾人主，所薦莫不拔擢，而雄三世不徙官。及莽簒位，談說之士，用符命稱功德，獲封爵者甚衆。雄復不侯，以耆老久次轉爲大夫，恬於勢力迺如是。」弟子劉棻得罪王莽，辭所連及，雄恐不能自免，迺從天祿閣上自投下，幾死。莽聞之，有詔勿問，雄以病免。復召爲大夫。天鳳五年卒，享年七十有一。

漢書揚雄傳贊：「王莽時，劉歆、甄豐皆爲上公。莽既以符命自立，即位之後，欲絕其原，以神前事。而豐子尋、歆子棻復獻之。莽誅豐父子，投棻四裔，辭所連及，便收不請。時雄校書天祿閣上，治獄使者來，欲收雄。雄恐不能自免，迺從閣上自投下，幾死。莽聞之曰：『雄素不與事，何故在此？』閒請問其故，迺劉棻嘗從雄學，作奇字，雄不知情。有詔勿問。然京師爲之語曰：『惟寂寞，自投閣，爰清靜，作符命。』雄以病免。復召爲大夫。家素貧，耆酒，人希至其門。時有好事者，載酒肴，從游學，而鉅鹿侯芭常從雄居，受其大玄、法言焉。…年七十一，天鳳五年卒。侯芭為起墳，喪之三年。」

雄以為經莫大於易，故作太玄；

太玄經十卷，漢志著錄。今傳有明萬玉堂翻宋本等。

傳莫大於論語，作法言；

揚子法言十三卷，漢志著錄。今傳有元建陽坊刊六子本等。

字書莫善於倉頡，作訓纂；

訓纂篇一卷，漢志著錄。今傳有馬國翰、黃奭等輯本。

訓詁莫善於爾雅，作方言；

方言十三卷，隋志著錄。今傳有宋慶元庚申刊本等。

箴莫佳於虞箴，作州箴；

十二州箴一卷，漢志著錄。今傳有鄭樸、張溥、王謨、嚴可均等輯本。

賦莫深於離騷，反而廣之；

反離騷一篇、廣騷一篇，見本傳。

辭莫麗於相如，作四賦。

河東賦、甘泉賦、長楊賦、羽獵賦，見本傳。

按：以上著作，除方言外，並見揚雄傳贊。

用心於內，不求於外，時人多忽之，唯劉歆及范逡敬焉，而桓譚以為絕倫。

漢書揚雄傳：「或嘲雄以玄尚白，而雄解之，號曰解嘲。…客有難玄大深，衆人之不好也，雄解之，號曰解難。…」

漢書揚雄傳贊：「時大司空王邑納言嚴尤聞雄死，謂桓譚曰：『子常稱揚雄書，豈能傳於後世乎？』譚曰：『必傳，顧君與譚不及見也。凡人賤近而貴遠，親見揚子雲祿位容貌不能動人，故輕其書。…今揚子之書，文義至深，而議不詭於聖人，則必度越諸子矣！』」

(二) 類屬考

隋、唐志列此書於地理，

長孫無忌等隋書經籍志地理：「蜀王本紀一卷。」注：「揚雄撰。」

劉昫唐書經籍志地理：「蜀王本紀一卷。」注：「揚雄撰。」

歐陽修唐書藝文志地理類：「揚雄蜀王本紀一卷。」

漢志無此類，凡地理書皆入數術形法，故姚氏拾補此書亦然。

姚振宗漢書藝文志拾補數術略形法：「揚雄蜀王本紀一卷。」

今考此書所記，雖關蜀地，然不限於山川城郭，凡蜀地歷代興革，蜀王治蜀事迹，未嘗不錄。實不宜列諸地理。

詳見蜀王本紀輯本及華陽國志、史通、文選注、太平御覽等書所引。

故循實歸類，劉知幾謂之爲僞書，

劉知幾史通因習：「國之有僞，其來尚矣，如杜宇作帝，句踐稱王，孫權建鼎峙之業，蕭詧爲附庸之主，而揚雄撰蜀紀，子貢著越絶，虞裁江表傳，蔡述後梁史，考斯衆作，咸是僞書。」

實卽七錄、新唐志、崇文目、晁志、遂初目、陳錄所稱之僞史，

姚振宗漢書藝文志拾補釋史通所稱「僞書」云：「此謂僭僞之書，猶云僞史。」

亦卽隋志、舊唐志、宋志所稱之霸史，

長孫無忌等隋書經籍志：「或推奉正朔，或假名竊號，然其君臣忠義之節，經國字民之務，蓋亦勤矣。……諸國記注，盡集秘閣。……今舉其見在，謂之霸史。」

四庫全書總目則稱爲載記，

紀昀等四庫全書總目：「五馬南浮，中原雲擾，偏方割據，各設史官。其事蹟亦不容泯滅，故阮孝緒作七錄，僞史立焉，隋志改稱霸史，文獻通考則兼用二名。然年祀縣邈，文籍散佚，當時僭

撰，久已無存，存於今者，大抵後人追記而已，曰覇曰僞，皆非其實也。…今採錄吳越春秋以下，述偏方僭亂遺蹟者，準東觀漢記、晉書之例，總題曰載記，於義爲允。」

重修清志及兩漢遺籍輯存著錄此書輯本而仍之，是也。

彭國棟重修清史藝文志載記類：「蜀王本紀一卷。」注：「洪頤煊輯。」又：「蜀王本紀一卷。」注：「王仁俊輯。」

楊師家駱兩漢遺籍輯存載記類：「蜀王本紀一卷，漢揚雄撰，清洪頤煊輯。問經堂本。別有王仁俊輯本。」

(三) 存佚考

此書隋、唐志著錄，

見前引。

太平御覽猶引之，

見太平御覽地部、皇王部、州郡部、兵部。

而秘書省續編到四庫闕書目已注闕，

見中國學術名著本。

則此書宋初尚存，宋末則不見矣。今有輯本四種：

蜀王本紀一卷，清洪頤煊輯，存。

重修清志、兩漢遺籍輯存著錄。

問經堂叢書本、經典集林本。

蜀王本紀一卷，清王仁俊輯，存。

重修清志、兩漢遺籍輯存著錄。

玉函山房輯佚書補編本。

蜀王本紀，清嚴可均輯，存。

未見著錄。

全上古三代秦漢三國六朝文本。

蜀王本紀一卷，清王謨輯，存。

叢書大辭典著錄。

漢唐地理書鈔本。

五　列女傳考

列女傳者，劉向所作史籍之一也。

漢志無史略，其著錄列女傳，係就其內容性質，附入諸子略儒家。其後各史志目錄，如隋志、舊唐志則入諸雜傳，新唐志入雜傳記類，崇文目、宋志、四庫、清志則入傳記類，要皆史籍之類屬也。

向睹風俗彌奢，災異時起，以爲皆原外戚貴盛，婦德式微所致。

班固漢書楚元王傳：「帝元舅陽平侯王鳳爲大將軍秉政，倚太后，專國權，兄弟七人，皆封爲列侯。時數有大異，向以爲外戚貴盛，鳳兄弟用事之咎。……向睹俗彌奢淫，而趙、衞之屬，起微賤，踰禮制。」

乃取經典所載淑女淫婦足致興亂存亡者，序次之，撰成此書，以戒天子，諷宮中，箴時俗。

班固漢書楚元王傳：「向以爲王教由內及外，自近者始，故採取詩、書所載賢妃貞婦興國顯家可法則及孽嬖亂亡者，序次爲列女傳，凡八篇，以戒天子。」

王回古列女傳序：「向爲漢成帝光祿大夫，當趙后姊娣嬖寵時，奏此書以諷宮中，其文美刺。詩、書以來，女德善惡，繫於家國治亂之效者，故有母儀……等篇。」

所傳母儀十五人，

卽有虞二妃、棄母姜嫄、契母簡狄、啓母塗山、湯妃有㜪、周室三母、衞姑定姜、齊女傅母、魯季敬姜、楚子發母、鄒孟軻母、魯之母師、魏芒慈母、齊田稷母。按：王回謂十五人，今本佚一人。

賢明十五人，

卽周宣姜后、齊桓衞姬、晉文齊姜、秦穆公姬、楚莊樊姬、周南之妻、宋鮑女宗、晉趙衰妻、陶荅子妻、柳下惠妻、魯黔婁妻、齊相御妻、楚接輿妻、楚老萊妻、楚於陵妻。

仁智十五人，

卽密康公母、楚武鄧曼、許穆夫人、曹僖氏妻、孫叔敖母、晉伯宗妻、衞靈夫人、齊靈仲子、魯臧孫母、晉羊叔姬、晉范氏母、魯公乘姒、魯漆室女、魏曲沃婦、趙將括母。

貞順十五人，

卽召南申女、宋共伯姬、衞寡夫人、蔡人之妻、黎莊夫人、齊孝孟姬、息君夫人、齊杞梁妻、楚昭貞姜、楚平伯嬴、楚白貞姬、衞宗二順、魯寡陶嬰、梁寡高行、陳寡孝婦。

節義十五人，

魯孝義保、楚成鄭瞀、晉圉懷嬴、趙昭越姬、蓋將之妻、魯義姑姊、代趙夫人、齊義繼母、魯秋潔婦、周主忠妾、魏節乳母、梁節姑姊、珠厓二義、郃陽友娣、京師節女。

辯通十五人，

卽齊管妾婧、楚江乙母、晉弓工妻、齊傷槐女、楚野辯女、阿谷處女、趙津女娟、趙佛肸母、齊鍾離春、齊威虞姬、齊宿瘤女、齊孤逐女、楚處莊姪、齊女徐吾、齊太倉女。

孽嬖十五人，

卽夏桀末喜、殷紂妲己、周幽褒姒、衞宣公姜、魯桓文姜、魯莊哀姜、晉獻驪姬、魯宣繆姜、陳女夏姬、齊靈聲姬、齊東郭姬、衞二亂女、趙靈吳女、楚考李后、趙悼倡女。

凡七篇，百五人。

王回古列女傳序：「予以頌考之，每篇皆十五傳耳。」則七篇百五人也。

以上百五人，佚母儀一人。其餘百四人之名稱，係參據叢書集成簡編影印本及四部備要校刊本。

貌則爲婦女立傳，實則寓王敎由內及外、家爲國本之理。故梁德繩謂此書爲風化之原，洵不虛也。

梁德繩列女傳校注序：「易家人卦彖辭曰：『利女貞化，起於閨門。』此漢劉子政列女傳八篇所由昉也。班昭、馬融輩爲之注，蓋此傳爲風化之原，誠鄭重之也。」

(一) 撰人考

列女傳爲劉向所撰，見諸史書，徵實鑿鑿，當無可疑。漢書本傳、隋志、舊唐志、崇文總目、宋志、文淵閣書目、四庫全書總目等書，記載甚明，皆謂劉向撰列女傳。後代考證學家，亦無有疑之者，是此書之可信也明矣。

劉向，字子政，本名更生。年十二，以父德任爲輦郎。既冠，以行修飭，擢爲諫大夫。見班固漢書楚元王傳。

宣帝好神僊方術之事，更生獻淮南枕中鴻寶苑秘書，言神僊使鬼物，黃金可成。帝令典其事，費甚多，方不驗。更生繫當死，其兄上書入國戶半，欲贖其罪。帝亦奇其材，乃使受穀梁春秋，復拜爲郎中給事黃門，遷散騎諫大夫給事中。

枕中鴻寶苑秘書者，劉安所有，更生父德治淮南獄時得之也。書中言神仙使鬼物爲金之術及鄒衍重道延命方，更生自幼誦讀，乃因宣帝之所好而獻之。方雖不驗，然苟非帝好之，更生亦不致得罪。故得踰冬減死論，會初立穀梁春秋，更生乃得不死也。

元帝時，外戚許、史在位放縱，而中書宦官弘恭、石顯弄權。更生明經有行，疾之如仇，而屢爲所害，先則被譖下獄，後則坐免爲庶人。在朝忠直之臣，亦均先後羅難。更生依興古事，著頌八篇，悼己及同類也。

元帝初卽位，太傅蕭望之爲前將軍，少傅周堪爲諸吏光祿大夫，更生爲散騎宗正給事中，與侍中金敞拾遺於左右，四人同心輔政，甚見重任。以患苦外戚及宦官弄權，議欲白罷退之。未白而語泄，反爲其譖愬，堪及更生下獄，望之免官。後因春地震及星象變化，上復以望之爵關內侯，堪及更生爲中郞。冬復地震，更生使其外親上變事，反爲宦官所害，坐免爲庶人，遂廢十餘年。其間，望之因使子上書，被宦官所害，自殺獄中；堪患疾瘖不能言而卒；其弟子張猛亦被譖自殺。更生傷之，乃著頌以悼也。

成帝卽位，顯等伏辜，更生乃復進用，更名向。向以故九卿召拜爲中郞。遷光祿大夫，領校中五經秘書。時國權復爲外戚王鳳兄弟所專，災異時起。向乃著洪範五行傳論而奏之，推迹行事，著其占驗。天子心知向忠精，故爲鳳兄弟起此論，然終不能奪王氏權。

帝元舅陽平侯王鳳爲大將軍秉政，倚太后，專國權，兄弟七人，皆封爲列侯。向以爲外戚貴盛，致災異時起。因見尙書洪範箕子爲武王陳五行陰陽休咎之應，乃集合上古以來歷春秋六國至秦漢符瑞災異之記，比類相從，凡十一篇，號曰洪範五行傳論，奏之。帝雖欲用之，然終不能也。今其書有輯本傳世。

向睹俗彌奢淫，制度泰奢，以爲王教由內及外，自近者始，乃採詩、書傳記，著列女傳、孝子傳、新序、說苑，奏之，以戒天子。

此四書今皆傳世，唯孝子傳爲輯本，餘皆存本。詳見拙著本書孝子傳考及今傳西漢諸子遺籍考。除奏書外，向數上疏極諫，言得失，陳法戒。以爲公族者，國之枝葉，枝葉落，則本根無所庇蔭。方今同姓疏遠，母黨專政，祿去公室，權在外家，非所以強漢宗，卑私門，保守社稷，安固後嗣也。成帝甚感其言，而不能從其計，唯歎息悲傷而已。以向爲中壘校尉，復數欲用爲九卿，輒不爲王氏居位者及丞相御史所持，故終不遷。居列大夫官，前後三十餘年。年七十二卒。卒後十三歲，而王氏代漢。

劉向上疏之文，詳見漢書楚元王傳。以上事蹟，並見之。向爲人簡易，無威儀，廉靖樂道，不交接世俗，專積思於經術，晝誦書傳，夜觀星宿。成帝詔領校中書，每一書已，向輒條其篇目，撮其指意，錄而奏之，是曰七略別錄。先秦至西漢遺籍得以流傳後世者，皆向之功也。

七略別錄已佚，今有輯本傳世。向所領校中書，具見漢書藝文志，凡六藝、諸子、詩賦、兵書、術數、方技六略，三十八種，六百三家，萬三千二百一十九卷。

劉向尚著有列仙傳傳世，詳見本書列仙傳考。

(二) 篇卷考

列女傳之篇數，劉向別錄自言爲七。

劉向七略別錄：「臣向與黃門侍郎歆所校列女傳，種類相從爲七篇，以著禍福榮辱之效，是非得失之分，畫之於屛風四堵。」（據王應麟漢藝文志考證引。）依向寫定敍錄義例，必著七篇之目於別錄中。然別錄早佚，王應麟雖引而不全，故未審七篇之原目。

此七篇者，殆卽崇文總目所言母儀、賢明、仁智、貞順、節義、辯通、孼嬖與！

見文選樓叢書本列女傳所引崇文總目。

然漢書本傳言向作八篇，崇文總目亦同，末曰傳頌。

漢書所言，已見前引。

王堯臣等崇文總目：「向作列女傳八篇：一曰母儀，二曰賢明，三曰仁智，四曰貞順，五曰節義，六曰辯通，七曰孼嬖，八曰傳頌。」（據文選樓叢書本列女傳引。）

傳頌者，爲前七篇列女之傳作頌也，並非爲列女作傳。是則列女傳實僅七篇，班固等倂頌計之，故言八篇。

其例同乎淮南鴻烈，書本二十篇，後人倂末要略（自序）計之，輒云二十一篇。

唯自蘇頌、王回、曾鞏、蔡驥以後迄今，所見八篇之本，又有異乎崇文總目所言。前七篇（卷）爲原列女之傳，第八篇（卷）則爲續列女傳，頌則分散於前七篇各傳之末。此已非向書之舊，而爲蘇氏等人校定之本矣。

王回古列女傳序：「以頌證之，删為八篇，號古列女傳。蓋凡以列女名書者，皆祖之劉氏，故云餘二十傳，其文亦奧雅可喜，非魏晉諸史所能作也。故自周郊婦至東漢梁嫕等，以時次之，別為一篇，號續列女傳。」

曾鞏古列女傳序：「嘉祐中，集賢校理，蘇頌始以頌義編次，復定其書為八篇，與十五篇者並藏於館閣。…今校讎其八篇及十五篇已定，可繕寫。」

蔡驥書列女傳：「今人則以向所撰列女傳七篇，幷續列女傳二十傳為一篇，共計八篇。今止依此，將頌義大序列於目錄前，小序七篇散見目錄中間，頌見各人傳後，觀者宜詳焉。」

至於史志目錄著錄此書，有七卷者，劉向原傳也；

按：漢志以後，多稱卷。七卷卽七篇也，下並同。

長孫無忌等隋書經籍志雜傳：「列女傳七卷。」注：「趙母注。」

紀昀等四庫全書總目史部傳記類：「古列女傳七卷。」提要：「漢劉向撰。」

有八卷者，末增續傳也；

朱師轍清史稿藝文志傳記類：「列女傳補注八卷。」注：「閨秀王照圓撰。」

有十五卷者，曹大家所分析也；

長孫無忌等隋書經籍志雜傳：「列女傳十五卷。」注：「劉向撰，曹大家注。」

歐陽修唐書藝文志傳記類：「劉向列女傳十五卷。」注：「曹大家注。」

王堯臣等崇文總目傳記類：「列女傳十五卷。」原釋：「曹大家注。」

按：曹大家分原七篇爲十四篇，另加傳頌一篇，共十五卷。王回古列女傳序：「世所行班氏注向書，乃分傳每篇上下，幷頌爲十五卷。」曾鞏古列女傳序：「以頌義考之，蓋大家所注，離其七篇爲十四，與頌義凡十五篇。」

有九卷者，蓋卽汪遠孫所謂七篇傳並頌及圖爲九篇也；

脫脫等宋史藝文志傳記類：「劉向古烈女傳九卷。」

汪遠孫列女傳校注識：「劉向列女傳，有頌有圖，據漢書藝文志，當是九篇：傳七篇，頌一篇，圖一篇。本傳言八篇者，圖不數也。」

按：班固漢書藝文志：「劉向所序六十七篇。」自注：「新序、說苑、世說、列女傳頌圖也。」並未言明列女傳頌圖爲九篇。汪氏以爲原書九篇，於別錄言七篇及本傳言八篇之外，另創一說。說雖有理，而嫌臆測，孤證難信。然以之釋九卷者，或可通也。

有二卷者，蓋殘本也。

劉昫唐書經籍志雜傳：「列女傳二卷。」注：「劉向撰。」

歐陽修唐書藝文志雜傳記類：「劉向列女傳二卷。」（女原作士，今正。）

按：兩唐志所著錄者，若係合併之本，何以其後所流傳者不復有二卷本見於史志及其他目錄？明係傳鈔錯誤，或係殘本也。若是殘本，則爲所見者然，非謂唐時竟無完本也。

(三) 傳頌考

劉向所序，有頌有圖，見於漢志。

班固漢志著錄有列女傳頌圖，已見前引。

而顏之推、任昉及隋志，謂頌爲劉歆所作，

顏之推顏氏家訓書證：「列女傳亦向所造，其子歆又作頌，終於趙悼后。」

任昉文章緣起：「漢劉歆作列女傳贊。」（據姚振宗漢書藝文志拾補引、姚氏謂贊頌本相通也。）

長孫無忌等隋書經籍志：「列女傳頌一卷。」注：「劉歆撰。」按：唐日本國見在書目、通志藝文略所著錄亦同。

鼂公武從之，並駁疑頌非歆作者。

鼂公武郡齋讀書志：「隋經籍志有劉向列女傳十五卷，又有劉歆列女傳頌。……至於疑頌非歆作，蓋因顏籀之言爾，則未必然也。」

曾鞏、蔡驥、紀昀等人，則咸辨其誤，以爲頌本向作，非歆作也。

曾鞏古列女傳序：「隋書以頌義爲劉歆作，與向列傳不合。今驗頌義之文，蓋向之自敍，又藝文志有向列女傳頌圖，明非歆作也。」

蔡驥書列女傳：「列女傳頌義大序、小序及頌，或者皆以爲劉向子劉歆作。驥謹按隋書、崇文總目及本朝曾校書序，則非歆作明矣。」按：隋書經籍志以爲傳頌爲劉歆所作，蔡驥此處錯按。

紀昀等四庫全書總目：「其頌本向所作，曾鞏及回所言不誤，而晁公武讀書志乃執隋志之文，詆其誤信顏籀之注。不知漢志舊注凡師古曰者，乃籀注，其不題姓氏者，皆班固之自注，以頌、圖屬向，乃固說，非籀說也。考顏氏家訓稱列女傳劉向所造，其子歆又作頌，是譌傳頌爲歆作，始於六朝。修隋志時，去之推僅四五十年，襲其誤耳，豈可遽以駁漢書乎？」

今據別錄所言，知向、歆合校列女傳，則頌亦有歆所作者，亦未可知。

劉向七略別錄：「臣向與黃門侍郎歆所校列女傳，種類相從爲七篇。」（據王應麟漢藝文志考證引）。

姚振宗謂隋志別出劉歆所作部份爲一卷，其或然也。

姚振宗漢書藝文志拾補：「按漢志注云：『列女傳頌圖。』是頌亦劉向撰。隋志別出劉歆頌一卷，與日本國書目所載同。文選思玄賦注引劉歆列女傳頌曰：『材女修身，廣觀善惡。』今本無此文，知別爲一書已久亡矣。」

按：據姚氏此言，則隋唐以前之傳頌，有向、歆作者，及別出歆頌一卷後，今傳之傳頌則純爲向所作者矣。

㈣ 續傳考

此書在宋以前，傳內列女，有向同時及其以後之人。

顏之推顏氏家訓書證：「列女傳亦向所造，……終於趙悼后。而傳有更始韓夫人、明德馬后及梁夫人嫕。」

王回古列女傳序：「世所行班氏注向書，……其十二傳無頌，三傳其同時人，五傳其後人，而通題曰向撰。」

此非撰人僞也，乃因後人羼附之故。

顏之推又曰：「……皆由後人所羼，非本文也。」

王堯臣等崇文總目：「陳嬰母等十六傳，後人所附。」

王回以頌考之，定無頌及向同時或其以後人者，凡二十傳，爲後人所附入，別爲一篇，屬之卷末，號續列女傳。

王回古列女傳序：「予以頌考之，每篇皆十五傳耳，則凡無頌者，宜皆非向所奏書，不特自陳嬰母爲斷也。頌有齊倉公女等，亦漢時人；而秦已上女史見於他書而此顧不錄者猶衆，亦不特周郊婦等四人而已。」

按：此二十傳，劉向以前者十二人：周郊婦人、陳國辯女、聶政之姊、王孫氏母、陳嬰之母、王陵之母、張湯之母、雋不疑母、漢楊夫人、漢霍夫人、嚴延年母、漢馮昭儀。向同時者三人：王章妻女、班女婕妤、漢趙飛燕。向以後者五人：孝平王后、更始夫人、梁鴻之妻、明德馬后、梁夫人嫕。（以上據四部備要本）

故今本列女傳，末有續列女傳一篇。唯不知續者何人？曾鞏以爲班昭附益十六事，

曾鞏古列女傳序：「隋書及崇文總目皆稱向列女傳十五篇，曹大家注。以頌義考之，蓋大家所注，離其七篇爲十四，與頌義凡十五篇，而益以陳嬰母及東漢以來凡十六事，非向書本然也。」

晁公武則疑二十傳爲項原續作，

晁公武郡齋讀書志：「隋經籍志有：項原列女後傳，……二十傳豈項原所作邪？」

然咸爲四庫全書總目所斥。

紀昀等四庫全書總目：「續傳一卷，曾鞏以爲班昭作，其說無證，特以意爲之。晁公武竟以爲項原作，則桀謬彌甚。隋志載項原列女後傳十卷，非一卷也。」

蓋宋以前人，注列女傳者，班昭之外，尚有馬融、趙母等人；班昭注列女傳十五卷、趙母注列女傳七卷，俱見隋書經籍志；馬融撰列女傳注，見姚振宗後漢藝文志。

作列女後傳者，項原而外，尚有皇甫謐、王接、王愆期等人；項原列女後傳十卷，見隋志；皇甫謐列女後傳六卷、王接烈女後傳、王愆期烈女後傳，並見文廷式補晉書藝文志。舊唐志有顏原列女後傳十卷，新唐志有項宗列女後傳十卷，疑即隋志之項原列女後傳十卷。

繼向而作列女傳者，有高氏、綦母邃、武皇后、劉熙、魏徵等人。高氏列女傳八卷、綦母邃列女傳七卷，並見隋志；武皇后列女傳一百卷，見兩唐志；劉熙列女傳八卷，魏徵列女傳略七卷，並見新唐志。

則向書所續何人，固難確定，胡可遽指班、項乎？

(五)　注疏考

列女傳之注疏，見諸史志或公私目錄者有：

列女傳十五卷，漢班昭注，佚。

隋志、新唐志、崇文總目著錄。

班氏注列女傳，分原七篇爲十四篇，另加頌爲十五卷。其中十二傳無頌，三傳爲向同時人，五傳爲向以後人，而通題曰劉向撰，題末卷頌曰劉歆撰。（見王回古列女傳序）

此注本宋志未著錄，而曾鞏尙見其書（見曾氏古列女傳序），蓋佚於宋明間。

列女傳注，漢馬融撰，佚。

姚氏後漢志著錄，卷數不詳。

馬氏之注列女傳，見於後漢書本傳。

此注本隋志未著錄，蓋佚於南北朝間。

列女傳七卷，魏趙母注，佚。

隋志、新唐志著錄。

劉義慶世說新語賢媛：「趙母嫁女，女臨去，敕之曰：『愼勿爲好女！』曰：『不爲好，可爲惡邪？』母曰：『好尙不可爲，其況惡乎？』」劉孝標注：「列女傳曰：趙姬者，桐鄉令東郡虞韙妻，潁川趙氏女也。才敏多覽，韙既沒，文皇帝敬其文才，詔入宮省，上欲自征，公孫淵姬上疏以諫，作列女傳解，號趙母注，賦數十萬言。」

此注本宋志未著錄，蓋佚於唐宋之際。

列女傳校注八卷，清梁端撰，存。

清志著錄。

汪遠孫列女傳校注序：「室人梁端，幼從其大父清白翁受是書，略通大義。時元和顧之逵重刊余本，翁復爲審定，端輒臚其同異，退而筆之。翁見之，哂曰：『汝欲爲班、趙之業耶？』遂益爲之折衷。…刀尺之暇，恆手是編不置，每獲一義，輒共余商榷，余亦時舉所聞益之。」

道光十七年振綺堂刻本、同治十三年梁氏從子會本補刊本、光緒十七年陝西咸寧趙劉氏重刊本，振綺堂遺書本、四部備要本。

列女傳補注八卷敍錄一卷校正一卷，清王照圓撰，存。

清志著錄。

郝氏遺書本、龍谿精舍叢書本、國學基本叢書四百種本。

清王紹蘭撰有列女傳補注正譌一卷，雪堂叢刻本。

列女傳集注八卷補遺一卷，清蕭道管撰，存。

清志著錄。

石遺室叢書本。

㈥ 專著考

歷代考究此書而有專著，其較著者有：

列女傳頌一卷，漢劉歆撰，佚。

漢志拾補、隋志、日本國見在書目錄著錄。

姚振宗隋書經籍志考證：「顏氏家訓書證篇：『列女傳，劉向造，其子歆又作頌，終於趙悼后。』……案：本志載劉歆此頌，本自一帙，與其父書各不相涉。宋代相傳曹大家注本，乃以向列女傳原有之頌歸之劉歆，自是舛誤。……顏氏既見之，唐時又流傳外藩。文選思玄賦李善注引劉歆列女傳頌曰：『材女修身，廣觀善惡。』今本一百十一頌中無此文，是可知別爲一書亡已久矣。」

是書佚於唐、宋間。

列女傳頌一卷，魏曹植撰，佚。

隋志、新唐志著錄。

章宗源隋書經籍志考證：「文選新刻漏銘注：『曹植列女傳頌曰：「尙卑貴禮，來世作程。」』」

嚴可均全三國文自文選注及初學記，輯曹植列女傳頌數條。

列女傳讚一卷，魏繆襲撰，佚。

隋志著錄。

此書唐志、宋志均未著錄，蓋佚於隋、唐間。

列女傳圖八卷，晉顧凱之撰，存。

未見著錄。

文選樓叢書本、叢書集成本。

列女傳敘讚一卷，孫夫人撰，佚。

舊唐志、新唐志著錄。

此書蓋佚於唐、宋間。

列女傳圖像，元□□□撰，佚。

錢大昕補元史藝文志著錄。

錢氏云：「大德十一年刊行。」

古列女傳圖十六卷，□仇英撰，存。

增訂四庫簡目標注著錄。

明汪氏增輯古列女傳本。

古列女傳贊，明黃魯會撰，存。

叢書子目類編著錄。

漢唐三傳本、崇文書局彙刻書本。

列女傳敍錄一卷校正一卷，清王照圓撰，存。

清志著錄。

郝氏遺書本、龍谿精舍叢書本。

列女傳考證一卷，清顧廣圻撰，存。

書目答問補正著錄。

嘉慶丙辰小讀書堆刊本。

列女傳補遺一卷，清蕭道管撰，存。

增訂四庫簡目標注著錄。

石遺室叢書本。

列女傳補注正譌一卷，清王紹蘭撰，存。

書目答問補正著錄。

雪堂叢刻本。

列女傳佚文一卷，清王仁俊輯，存。

叢書子目類編著錄。

經籍佚文本。

列女傳校勘記，清顧觀光撰，未見。

書目答問補正著錄。

范氏謂有刻本。

六　列仙傳考

㈠　撰人考

列仙傳之撰人，今本所題，皆曰漢劉向撰；

列仙傳之傳本，詳後傳本考

歷代史志及公私目錄，所著錄亦如是。漢志拾補、隋志、舊唐志、新唐志、崇文總目、中興館閣書目、宋志、文淵閣書目、兩漢遺籍輯存等，或著錄列仙傳二卷，或三卷，而皆題劉向撰。

然亦有疑之者：宋陳振孫及黃伯思首發難，其後明胡應麟、清姚際恒、紀昀、王照圓、姚振宗、楊守敬及近人余嘉錫等人接踵之，均辨此書撰人之非眞。綜合其說，其理有八：

一，每傳有贊，西漢人文章不爾；

陳振孫直齋書錄解題：「每傳有贊，似非向本書，西漢人文章不爾也。」

二，漢志著錄劉向所序六十七篇，獨無此書；

胡應麟四部正譌：「漢書藝文志：『劉向所敍六十七篇』，止新序、說苑、世說、列女傳，而無此書。七略，劉向所定，果向有此書，班氏決弗遺。蓋僞撰也。當是六朝間人因向傳列女，又好神仙家言，遂僞撰託之。」

三，西漢未有佛經，而列仙傳敍言之；姚際恒古今僞書考：「其（列仙傳敍）云：『歷觀百家之中，以相檢驗，得仙者百四十六人。其七十四人已在佛經，故檢得七十二人可以爲多聞博識者遐觀焉。』西漢之時，安有佛經？其爲六朝人所作，自可無疑也。」

四，此書內所稱書名，或爲漢志不載，或與漢志不合；紀昀等四庫全書總目：「漢志所錄，皆因七略，其總讚引孝經援神契，爲漢志所不載；涓子傳稱其琴心三篇有條理，與漢志蜎子十三篇不合；老子傳稱作道德經上下篇，與漢志但稱老子亦不合。均不應自相違異。或魏、晉閒方士爲之，託名於向耶！」

五，此書文筆，不與列女傳同；王照圓列仙傳校正本敍：「其文不與列女傳同，又漢藝文志所不載，故英儒碩彥，多疑惑焉。」

六，此書載及東方朔及鉤弋夫人，劉向必不若是之妄；姚振宗漢書藝文志拾補：「今本載及東方朔、鉤弋夫人，劉中壘必不若是之妄。」

七，既據阮倉列仙圖成書，而傳中有成帝時事；

姚振宗漢書藝文志拾補：「（列仙傳總讚）既云據阮倉之圖，取以爲傳，而傳中有成帝時事。必無識道流所爲，亦非眞。」

按：漢志拾補著錄有阮倉列仙圖一卷。

八，傳內所稱地名，多非西漢所有。

楊守敬日本訪書志：「文賓傳『太邱鄉人也』，前漢無太邱縣，後漢屬沛國；木羽傳『鉅鹿南和平鄉人也』，前漢南和屬廣平國，後漢改屬鉅鹿；又瑕邱傳『甯人也』，兩漢上谷郡有甯縣，魏晉以下省廢。據此三證，似爲東漢人所作。然又稱安期先生爲琅琊阜鄉人，琅琊無阜鄉縣，據下文兩稱阜鄉亭，則知非縣名；又騎龍鳴傳『渾亭人也』，則並不著郡縣名；又谿父傳『南郡鄘人也』，南郡無鄘縣，有郢、鄀、邔三縣，未知是何縣之訛？其爲方士所託無疑。」

胡應麟及姚際恒以爲六朝人所作，紀昀等以爲魏晉間方士所爲，黃伯思、楊守敬、余嘉錫則疑爲東漢人所撰。

胡應麟、姚際恒、紀昀等，楊守敬之說，已見前引。黃伯思之說，見於東觀餘論，謂是書雖非向筆，而事詳語約，詞旨明潤，疑東京人作。（見四庫全書總目）

余嘉錫之說，見於四庫提要辨證：「古人著述，徵引此書者，莫早於應劭，今漢書注中所存邵說引此書者，不止一條，且有出今本之外者。……考王逸楚辭章句於天問篇引崔文子事，與應劭所引字句並合，而文加詳，蓋亦據列仙傳，但不著書名耳。又引列仙傳曰：『有巨靈之鼇，背負蓬萊之山，而抃舞戲滄海之中。』則明出書名也。今文亦無其語，疑是安期生傳之佚文。逸，漢順帝時人；劭，獻帝時人。是此書已盛行於東漢，不自魏、晉始矣。……綜合諸說觀之，此書蓋明帝以後、順帝以前人之所作也。」

似此言之成理，持之有故，此書之爲非向所撰，蓋成定論矣！實則不然，試言其故：

一，每傳有贊，或是後人所移，如列女傳之例，非原書如此；

劉向所作列女傳八篇，前七篇爲傳，末一篇爲頌。後人移頌於各傳之末，而以末篇爲續列女傳。詳見本書列女傳部分。贊猶頌也，列女傳可以有頌，而列仙傳獨不可以有贊乎？

二，漢志不著錄者，蓋由中秘本無此書，或班固於儒家「劉向所序六十七篇」之下漏言之，未必眞無此書；

漢志因於七略，七略係總向所領校中秘書而成。中秘所無者，未必當時所無。漢志著錄先秦至西漢之書，凡五百九十六家，並未盡收當時存書之全，故姚氏拾補之，凡二百八十五家。足見漢志之遺漏。吾人胡可因漢志不錄此書，遂謂西漢無此書乎？按：姚振宗漢志拾補方技略著錄「劉向列仙傳二卷」。

漢志著錄「劉向所序六十七篇」，班氏謂卽「新序、說苑、世說、列女傳頌圖也」。據漢書楚元王傳及七略別錄（姚氏漢志條理引），知新序三十篇、說苑二十篇、世說八篇、列女傳七篇或八篇，總計六十五或六十六篇，視漢志所著錄尚少一二篇。而史志著錄列仙傳，多爲二卷；今之傳本，有二卷及一卷之別。則列仙傳或在「劉向所序六十七篇」之中，班氏漏言之，亦未可知也。

三，西漢未有佛經，而敍言之，敍或經後人增竄，或非向之原作；

顏之推顏氏家訓書證：「列仙傳，劉向所造，而贊云：『七十四人，出佛經。』……皆由後人所羼，非本文也。」按：贊蓋敍之誤。楊守敬日本訪書志：「世說新語注引列仙傳序……，各本皆脫此序。然稱七十四人在佛經，此豈西漢人口吻？」蓋列仙傳敍爲後人所增竄，故有「佛經」之語也。

余嘉錫四庫提要辨證：「明寫本說郛卷四十三所錄列仙傳，有序一篇，爲今本所無。……余以爲此序卽出於作僞者之手。」

四，傳中所稱書名，不與漢志合，或不爲漢志著錄，蓋是別本別名；

漢志所著錄各書書名，係經劉向等人校定者。在校定之前之後，固有別本別名者。如戰國策一書，在校定之前，卽有國策、國事、短長、事語、長書、脩書之殊；又如淮南子一書，原稱鴻烈，漢志稱淮南內，其後則或稱淮南鴻烈，或稱淮南子。是列仙傳中所稱書名，不必盡與漢志同也。

至於所稱書名不爲漢志所著錄者，未必西漢無其書，已詳前。

五，文筆不與列女傳同，蓋不必盡同；列女傳各傳文長，故傳百五人，而成七篇；列仙傳各傳文短，故傳七十二人，僅得上下二篇。蓋所傳對象不同，資料來源各異，故同出一人之手，而文有短長，筆法因之略殊。若據以判二書作者之非一，則嫌過於武斷也。

六，載及東方朔及鉤弋夫人，亦未嘗不可；二人均漢武帝時人，以東方朔「作深淺顯默之行，或忠言，或戲語，莫知其旨。至宣帝初，棄郎以避亂世，置幘官舍，風飄之而去。後見於會稽，賣藥五湖。智者疑其歲星精也。」鉤弋夫人則「少時好清淨，病臥六年」，得貴人氣，「遂幸而生昭帝。後武帝害之，殯尸不冷而香。一月間後，昭帝卽位，更葬之棺內，但有絲履。」皆有仙人之迹，故傳焉。

七，向成帝時人，成帝時事，當然可記；劉向領校中書，所睹書籍不少，其所據以寫作者，必非僅限一書。卽據阮倉列仙圖，豈全抄襲，而不增潤乎？向爲成帝時人，阮倉所未見者，向自然可就目睹耳聞以下筆。葛洪抱朴子論仙：「向本不解道術，……至於撰列仙傳，自刪秦大夫阮倉書中出之，或所親見，然後記之，非妄言也。」故其所記，不免有成帝時事也。

八，傳內有後代地名，殆後人傳寫所改易或增竄也。

古書流傳迄今，始以傳鈔，繼則雕刻，其間或無意致誤，或擅意增改，所在不免。是吾人今日得見之古書，多非原來面貌。以之謂書有部分僞則可，謂其全僞則須愼重，不可魯莽也。

是則以爲此書非向作者，非也。其力排異說，確認此書實向所作者，有洪頤煊、沈濤二人。綜其說有三：

一，漢應劭漢書音義、晉葛洪抱朴子、唐長孫無忌等隋書經籍志，皆言向作列仙傳；

洪頤煊列仙傳校正本序：「劉向列仙傳，不見於漢書藝文志及向本傳。應劭漢書音義，始引此書。抱朴子論仙篇云：『劉向博學，則究微極妙，……其所撰列仙傳，仙人七十有餘。』隋書經籍志云：『漢時，阮倉作列仙圖。劉向典校經籍，始作列仙、列士、列女之傳。』晉、唐人所論如是，不可謂向無此書也。」

二，應劭、葛洪所引列仙傳，與今本文法相同；

洪頤煊列仙傳校正本序：「漢書郊祀志，應劭引列仙傳崔文子學仙於王子喬，王子喬化爲白蜺一條；司馬相如傳，應劭引列仙傳陵陽子言春食朝霞、夏食沆瀣一條，皆今本所無。抱朴子極言篇引列仙傳黃帝自擇亡、七十日去、七十日還、葬于喬山一條，視今本爲詳。其前後文法，悉與今本相同。蓋亦足證今本爲漢時原帙，僅傳寫有闕佚，非後人之僞造明矣。自六朝以下，所引列仙傳與今本異者，世說規箴篇劉孝標注引列仙傳『東方朔楚人』，今本作『平原厭次人』，疑後人據漢書本傳以改其文。」

三，向懲前事，此傳獨未奏上，中秘本無此書，故漢志不著錄；沈濤列仙傳斠注序：「蓋向懲前事，此傳獨未經奏御，則中秘本無其書，班藝例所不載，不得疑後人僞託也。」

按：向懲前事者，向嘗因宣帝好神仙方術，獻淮南枕中鴻寶苑秘書，請鑄黃金。費多不驗，繫當死，以其兄上書救之，始免。事詳漢書楚元王傳。向因前有此事，故後雖撰列仙傳，亦不敢獻也。

此外，復可證成其說者有四：一，史記正義引劉歆七略云：「列仙傳二卷，劉向撰。」二，太平御覽引劉向列仙傳敍，謂「列仙傳，漢光祿大夫劉向所撰也。」三，漢書本傳言向信災異，數奏封事，則頗有著此書之可能。四，顏氏家訓亦言：「列仙傳，劉向所造。」然則此書實向所作，非後人所僞造依託也。其有後人所增竄改易者，以流傳既久，在所不免焉。

(二) 類屬考

列仙傳記歷代神仙之事，

劉向列仙傳敍：「成帝時，向既司典籍，見上頗脩神仙事，遂修上古以來，及三代、秦、漢，博

采諸家，言神仙事。」（據太平御覽引）
似實若虛，似有若無，故歷代史志書目，或歸諸神仙、道家，
歸諸神仙者，如漢志拾補、中興館閣書目是也；歸諸道家者，如新唐志、宋志、四庫全書總目、清志是也；歸諸道書者，如崇文總目、文淵閣書目是也。
或歸諸雜傳、傳記。
歸諸雜傳者，如隋志、舊唐志是也；歸諸傳記者，如兩漢遺籍輯存、叢書子目類編是也。
今以此書體屬傳記，
列仙傳按赤松子、寧封子、馬師皇…七十二人，依次立傳。如傳赤松子曰：「赤松子者，神農時雨師也。服水玉，以教神農…。」傳寧封子亦曰：「寧封子者，黃帝時人也。…」與列女傳同體。
人物亦非杜撰，
葛洪抱朴子論仙：「劉向博學，則究微極妙，經深涉遠，思理則清澄眞僞，研覈有無，其所撰列仙傳，仙人七十有餘。誠無其事，妄造何爲乎？邃古之事，何可親見？皆賴記籍，傳聞於往耳。列仙傳炳然其必有矣！然書不出周公之門，事不經仲尼之手，世人終於不信。…劉向爲漢世之名儒賢人，其所起述，庸可棄哉？」又…向本不解道術，…至於撰列仙傳，自删秦大夫阮倉書中出

之，或所親見，然後記之，非妄言也。」

以入傳記類爲宜。

有如史記亦記渺遠邃古之事，而入正史類也。

(三) 列仙考

今本所載列仙，除校補本外，皆七十人。

盧文弨補注顏氏家訓書證云：「今所傳本七十人。」

紀昀等四庫全書總目：「此本上卷四十人，下卷三十人。」

洪頤煊列仙傳校正本序：「今本止七十人。」

余嘉錫四庫提要辨證：「今本乃只七十人。」

而晉葛洪謂七十餘人，

葛洪抱朴子論仙：「其所撰列仙傳，仙人七十有餘。」

梁陶宏景、隋杜臺卿、宋王堯臣、陳振孫、李石皆言七十二人，

陶宏景眞誥：「孔安國撰孔子弟子七十二人，劉向撰列仙亦七十二人。」（見洪頤煊列仙傳校正本序）

杜臺卿玉燭寶典：「漢成帝時，劉向刪列仙傳，得一百四十六人，其七十四人已見佛經，餘七十二爲列仙傳。」（見余嘉錫四庫提要辨證）

王堯臣等崇文總目：「列仙傳二卷，劉向撰，凡七十二人。」

陳振孫直齋書錄解題：「列仙傳二卷，漢劉向撰。凡七十二人。」

李石續博物志亦云：劉向傳列仙七十二人。（見四庫全書總目）

則今本佚二人明矣。清王照圓校正列仙傳，乃據史記索隱及廣韻補羨門，又據藝文類聚補劉安；見王照圓列仙傳校正本羨門及劉安傳下注。王氏據史記封禪書索隱及廣韻羨字注，補羨門於卷上末；並據史記老子列傳正義及藝文類聚人部，附老萊子於羨門之後。又據藝文類聚靈異部，補劉安於卷下末，並云劉向深慕劉安其人，豈容不列其傳乎？

而沈濤據史記集解及太平廣記，以爲當有老萊子傳及趙廓傳。

沈濤列仙傳斠注序：「史記老子列傳集解引列仙傳曰：『老萊子，楚人也』云云，則有老萊子傳；太平廣記七十六方士部『武昌趙廓，齊人也』云云，出列仙傳，則又有趙廓傳。」

今折衷之，以爲當補羨門及趙廓二人，於理較合，於證較鑿。

列仙傳之有羨門，見於廣韻一書。廣韻去聲三十三線「羨」字下注：「又姓，列仙傳有羨門。」

史記封禪書索隱有羨門事略一條，王氏乃據以補之。

列仙傳之有趙廓，見於太平廣記。太平廣記七十六方士部於趙廓傳略之末，注云「出列仙傳」。故當據以補之。

列仙傳不當有劉安者，以藝文類聚徒有劉安事蹟，而未明言「出列仙傳」，王氏純以理推之，並無實據也。況王氏亦言：「然安本不道，以罪伏誅，而傳以爲仙去。流俗傳譌，習非勝是，亦見其惑矣。」是王氏亦未確定應補劉安也。

列仙傳不宜遽補老萊子者，以史記集解及史記正義所引列仙傳，疑爲列女傳之誤。王氏云：「史記老子列傳正義引，今按此文見列女傳，知正義『列仙』乃『列女』之譌。」又藝文類聚人部引列女傳「老萊子孝養二親」一條，足證其說。

若然，則此書卷上宜爲四十傳，

即赤松子、寧封子、馬師皇、赤將子輿、黃帝、偓佺、容成公、方回、老子、關令尹、涓子、呂尙、嘯父、師門、務光、仇生、彭祖、邛疏、介子推、馬丹、平常生、陸通、葛由、江妃二女、范蠡、琴高、寇先、王子喬、幼伯子、安期先生、桂父、瑕邱仲、酒客、任光、蕭史、祝雞翁、朱仲、修羊公、稷邱君、崔文子。

卷下宜爲三十二傳。

即赤須子、東方朔、鉤翼夫人、犢子、騎龍鳴、主柱、園客、鹿皮公、昌容、谿父、山圖、谷春、陰生、毛女、子英、服閭、文賓、商邱子胥、子主、陶安公、赤斧、呼子先、負局先生、朱璜、黃阮邱、女丸、陵陽子明、邗子、木羽、元俗、羨門、趙廓。

(四) 專著考

歷代考究此書而有專著，其較著者有：

列仙傳讚三卷，晉孫綽撰，佚。

隋志著錄。

此書世說及初學記均引之。

嚴可均全晉文輯老子及商丘子傳贊等數條。

列仙傳讚二卷，晉郭元祖撰，存。

隋志著錄。

嚴可均全晉文據道藏本列仙傳，輯郭元祖列仙傳贊全文。

列仙傳贊，明黃省曾撰，存。

叢書子目類編著錄。

漢唐三傳本。

列仙傳校正本二卷讚一卷，清王照圓撰，存。

清志著錄。

王照圓列仙傳校正本敍：「余以從事列女傳，頗涉觀覽，又恨俗本多失其眞，因旁搜唐以來類部及注家所援，以校今本，大有徑庭。復從道藏本得其梗槩，略加訂正，粗具本來。」

郝氏遺書本、龍谿精舍叢書本、道藏精華錄本、道藏精華本。

列仙傳校譌一卷，清胡珽撰，存。

叢書子目類編著錄。

琳琅秘室叢書本、叢書集成本。

列仙傳補校一卷，清黃金鑑撰，存。

叢書子目類編著錄。

琳琅秘室叢書本、叢書集成本。

列仙傳佚文一卷，清王仁俊輯，存。

兩漢遺籍輯存著錄。

玉函山房輯佚書補編本。

七　孝子傳考

孝子傳者，劉向睹俗彌敗，以為王教由內及外，自近者始，為人子孝，則為人臣忠，於是採古今孝子，如大舜、董永、郭巨、丁蘭等之孝迹，傳而述之，以戒人子，而矯習俗。

劉向孝子傳：「大舜至孝，父目失明在家，貧厄，近市而居。舜父夜臥，夢見一鳳凰，自名為雞口，銜米以哺己。視黃帝夢書，言子孫當有貴者。舜前舐之，目霍然開見。」

又：「董永父終，自賣於富公，以供喪事。道逢一女，願為永妻，助償債。」

又：「郭巨，河內溫人，父歿，供養母。妻生男，慮妨供養，乃抱兒掘地，欲埋之，於土中得一釜黃金，有券云：賜孝子郭巨。」

又：「丁蘭刻木作母，供養如生。鄰人所假借，母顏和即與，不和即不與。」

按：右並引自章宗源隋書經籍志考證所引法苑珠林忠孝篇。

(一)　存佚考

劉向孝子傳，不見於漢志；

姚振宗漢書藝文志拾補諸子略儒家：「劉向孝子圖傳。」按：漢志不著錄，故姚氏拾補之。

唐修隋志，亦不著此書。

章宗源隋書經籍志考證史部雜傳：「孝子圖。」注：「卷亡，劉向撰。不著錄。」按：不著錄者，謂隋志不著錄孝子圖也。

然唐許南容、李令琛並言向修孝子圖，

章宗源隋書經籍志考證：「文苑英華許南容、李令琛對策並言：『梁鴻作逸人傳，劉向修孝子圖。」

釋道世法苑珠林更引劉向孝子傳數條，

見前引。

日本國見在書目錄亦著錄孝子傳圖一卷，

見該書雜傳。

及宋文苑英華、太平御覽、玉海等書，亦皆稱引之。

章宗源隋書經籍志考證：「文苑英華許南容、李令琛對策並言：『梁鴻作逸人傳，劉向修孝子圖。』…太平御覽人事部引郭巨、董永二事，作劉向孝子圖。」

茆泮林古孝子傳輯本題記：「劉向孝子傳，隋、唐志皆不著錄，惟玉海引唐許南容策稱：劉向修孝子之圖。」

按：太平御覽所引孝子傳，分見於時序部、兵部、人事部、宗親部、禮儀部、服章部、疾病部、器物部、布帛部、資產部、飲食部、獸部、羽族部、蟲豸部、菜部。則此書在唐、宋之時，頗爲盛行。其不爲漢志等目所著錄者，蓋由劉歆所漏略，後世轉錄，迺亦闕如。王應麟困學紀聞：「藝文志：『于長天下忠臣九篇。』劉向別錄云：『傳天下忠臣。』愚謂忠臣傳當在『史記』之錄，而列於陰陽家，何也？七略，劉歆所爲，班固因之。歆，漢之賊臣，其抑忠臣也則宜。」按：歆之學行，皆與父乖，豈其亦惡孝子傳之刺己而不著錄乎？七略既闕，漢志、七錄、隋志亦略，即於宋時此書盛行之際，宋代諸目如崇文總目、宋史藝文志等，竟未見錄。此書存本，今已不見，蓋佚於元、明之際。

明文淵閣書目、內閣藏書目錄、清四庫全書總目、今國立中央圖書館善本書目等，均不著錄孝子傳。

今傳有清人輯本三種：

古孝子傳一卷，清茆泮林輯，存。

重修清志、書目答問、兩漢遺籍輯存著錄。

十種古逸書本、龍溪精舍叢書本、叢書集成本。

孝子傳一卷，清黃奭輯，存。

清志、重修清志、兩漢遺籍輯存著錄。

漢學堂叢書本、黃氏逸書考本。

孝子傳一卷，清王仁俊輯，存。

重修清志、兩漢遺籍輯存著錄。

玉函山房輯佚書續編本。

八　十二州箴考

十二州箴者，揚雄覩時州郡，制度變亂，從利忘義，乃作冀、青、兗、徐、揚、荆、豫、益、雍、幽、幷、交各州之箴，以勵君德，而勸大臣也。

班固漢書揚雄傳贊：「（雄以爲）箴莫善於虞箴，作州箴。」

范曄後漢書胡廣列傳：「揚雄依虞箴，作十二州、二十五官箴。」

王應麟漢藝文志考證：「晁氏曰：『雄見莽更易百官，變置郡縣，制度大亂，士皆忘去節義，以從諛取利，乃作：荆、揚、兗、豫、徐、青、幽、冀、幷、雍、益、交十二州箴。皆勸人臣執忠守節，可爲萬世戒。』」

(一)　州數考

揚雄之箴，漢志載二篇，

班固漢書藝文志諸子略儒家：「揚雄所序三十八篇。」注：「太玄十九，法言十三，樂四，箴二。」

蓋一爲州箴，一爲官箴也。

范曄後漢書胡廣列傳：「揚雄依虞箴，作十二州、二十五官箴。」

州則十二，見諸後漢書、漢藝文志考證等書，後漢書見右引。

王應麟漢藝文志考證：「館閣書目：『二十四箴一卷，州箴十二，衛尉等箴十二。』」按：下有晁氏曰等語，前已引。

今之輯本亦然。

見後「存佚考」。

而崔瑗及葉大慶則謂九州，

崔瑗敍箴：「昔揚子雲讀春秋傳虞人箴而善之，于是作九州及二十五官箴，箴規匡救，言君德之所宜，斯乃體國之宗也。」（引自姚振宗漢書藝文志條理）

葉大慶考古質疑：「九州箴，揚子雲所作也。」

蓋所見別本，或相傳譌誤也。

(二) 存佚考

十二州箴，或與官箴併，或在雄集。

州箴與官箴併者，漢志謂之箴二，中興館閣書目等謂之二十四箴一卷。

與官箴併者，宋時猶存，其後則佚。

陳騤等中興館閣書目集部別集類：「二十四箴一卷。」注：「揚雄撰。」

陳振孫直齋書錄解題別集類：「二十四箴一卷。」注：「揚雄撰。」

脫脫等宋史藝文志集類別集類：「二十四箴一卷。」

按：文淵閣書目、內閣藏書目等明代以後書目，均不著錄二十四箴。

雄集則尚存於隋唐之時，其後亦亡。

長孫無忌等隋書經籍志集部別集：「漢太中大夫揚雄集五卷。」

劉昫唐書經籍志集錄別集類：「揚雄集五卷。」

歐陽修唐書藝文志集錄別集類：「揚雄集五卷。」

按：宋晁公武郡齋讀書志謂「古無雄集」，實已佚而未見也。

今所傳者，皆宋、明、淸人之輯本：

揚子雲集六卷，宋譚愈輯，明鄭樸增輯，存。

直齋書錄解題、宋史藝文志、文淵閣書目、四庫全書總目著錄。

晁公武郡齋讀書志：「古無雄集，皇朝譚愈好雄文，患其散在諸篇籍，離而不屬，因綴輯之，得四十餘篇。」

紀昀等四庫全書總目：「揚子雲集六卷，漢揚雄撰。案漢書藝文志、隋書經籍志、唐書藝文志、皆載雄集五卷，其本久佚。宋譚愈始取漢書及古文苑所載四十餘篇，仍輯爲五卷，已非舊本。明萬曆中，遂州鄭樸又取所撰太元、法言、方言三書，及類書所引蜀王本紀、琴清英諸條，與諸文賦合編之，釐爲六卷，而以逸篇之目附卷末，即此本也。雄所撰諸箴，古文苑及中興書目皆二十四篇。」按：漢志並未著錄雄集。

四庫全書本。

揚雄四卷，清嚴可均輯，存。

未見著錄。

嚴氏據藝文類聚、初學記、古文苑輯十二州之箴，收在全漢文卷五十四。

全上古三代秦漢三國六朝文本。

十二州箴一卷，清王謨輯，存。

兩漢遺籍輯存著錄。

漢唐地理書鈔本、漢晉遺書鈔本。

九　漢禮器制度考

漢已幷天下，叔孫通定漢儀，爲太常，取法周秦之制，規定禮器之大小長短，撰而述之，成漢禮器制度一書。

鄭玄周禮注：「漢禮器制度：『大槃廣八尺，長丈二尺，深三尺，漆赤中。』」賈公彥周禮凌人疏：「叔孫通，前漢時作漢禮器制度，多得古之周制，故鄭君依而用之也。」又弁師疏：「叔孫通作漢禮器制度，取法於周。」又典瑞疏：「云漢禮瓚槃大五升口徑八寸下有槃口徑一尺者，此據禮器制度文，叔孫通所作。」按：又籩人疏、匠人疏、梓人疏，及儀禮士冠禮疏、聘禮疏等，亦引漢禮器制度文，此不贅。

其書雖佚，由其輯本，猶可考見古之禮制也。

(一) 撰人考

此書漢志未著錄，

漢志未著錄，乃由七略所闕失。姚振宗漢書藝文志拾補六藝略禮：「叔孫通禮器制度。」

然鄭玄注禮已引之，賈公彥之疏復詳之，

見前所引。

是叔孫通實著此書也。

故姚氏拾補之。

叔孫通，薛人也。秦二世拜爲博士，亡去不就。

司馬遷史記劉敬叔孫通列傳：「叔孫通者，薛人也。秦時以文學徵待詔博士，數歲，陳勝起山東，使者以聞，二世召博士諸儒生問曰：『楚戍卒攻蘄入陳，於公如何？』博士諸生三十餘人前曰：『人臣無將，將卽反罪，死無赦，願急發兵擊之。』二世怒作色，叔孫通前曰：『諸生言皆非也。夫天下合爲一家，毀郡縣城，鑠其兵，示天下不復用。且明主在其上，法令具於下，使人人奉職，四方輻輳，安敢有反者？此特羣盜鼠竊狗盜耳，何足置之齒牙間？郡守尉今捕論，何足憂？』二世喜曰：『善。』盡問諸生，諸生或言反，或言盜。於是二世令御史案諸生言反者下吏，非所宜言；諸言盜者皆罷之。迺賜叔孫通帛二十匹，衣一襲，拜爲博士。叔孫通已出宮反舍，諸生曰：『先生何言之諛也？』通曰：『公不知也，我幾不能脫於虎口。』迺亡去，之薛。」

初從楚，旋降漢。

史記劉敬叔孫通列傳：「之薛，薛已降楚矣。及項梁之薛，叔孫通從之。敗於定陶，從懷王。懷王爲義帝，徙長沙，叔孫通留事項王。漢二年，漢王從五諸侯入彭城，叔孫通降漢王。漢王敗而西，因竟從漢。」

善體漢王意，專言諸故群盜壯士進之，不進諸弟子。漢王拜爲博士，號稷嗣君。

史記劉敬叔孫通列傳：「叔孫通儒服，漢王憎之，迺變其服，服短衣楚製，漢王喜。叔孫通之降漢，從儒生弟子百餘人，然通無所言進，專言諸故羣盜壯士進之。弟子皆竊罵曰：『事先生數歲，幸得從降漢，今不能進臣等，專言大猾，何也？』叔孫通聞之，迺謂曰：『漢王方蒙矢石，爭天下，諸生寧能鬭乎？故先言斬將搴旗之士，諸生且待我，我不忘矣。』漢王拜叔孫通爲博士，號稷嗣君。」

天下既定，諸侯共尊漢王爲皇帝，叔孫通就其儀，號高帝。既而與諸弟子儒生共起朝儀，羣臣乃無敢權譁失禮者。於是高帝拜叔孫通爲太常，諸弟子儒生悉以爲郎。

史記劉敬叔孫通列傳：「漢五年，已幷天下，諸侯共尊漢王爲皇帝於定陶。叔孫通就其儀，號高帝，悉去秦苛儀，法爲簡易。羣臣飲酒爭功，醉或妄呼，拔劍擊柱，高帝患之。叔孫通知上益厭之也，說上曰：『夫儒者，難與進取，可與守成。臣願徵魯諸生與臣弟子，共起朝儀。』高帝曰：『得無難乎？』叔孫通曰：『五帝異樂，三王不同禮。禮者，因時世人情爲之節文者也，故夏、殷、周之禮所因損益可知者，謂不相復也。臣願頗采古禮與秦儀雜就之。』上曰：『可試爲之，令易知，度吾所能行爲之。』於是叔孫通使徵魯諸生三十餘人。魯有兩生不肯行…。及上左右爲學者，與其弟子百餘人，爲綿蕞，野外習之月餘。……會十月漢七年長樂宮成，諸侯羣臣皆朝十月。儀：先平明，謁者治禮，引以次入殿門，廷中陳車騎，步卒衞宮，設兵，張旗志，傳言趨，殿下郎中俠陛，陛數百人，功臣、列侯、諸將軍、軍吏，以次陳西方東鄉，文官丞相以下，陳東方西鄉，大行設九賓，臚句傳。於是皇帝輦出房，百官執職傳警，引諸侯王以下，至吏六百石，以次奉賀，自諸侯王以下，莫不振恐肅敬。至禮畢，復置法酒，諸侍坐殿上，皆伏抑首，以尊卑次起上壽，觴九行，謁者言罷酒。御史執法，舉不如儀者，輒引去，竟朝置酒，無敢權譁失禮者。於是高帝曰：『吾迺今日知爲皇帝之貴也。』迺拜叔孫通爲太常，賜金五百斤。叔孫通因進曰：『諸弟子儒生隨臣久矣，與臣共爲儀，願陛下官之。』高帝悉以爲郎。叔孫通出，皆以五百斤金賜諸生。諸生迺皆喜曰：『叔孫生，誠聖人也，知當世之要務。』」

漢九年，高帝徙叔孫通爲太子太傅。十二年，高帝欲易太子，叔孫通諫之，乃止。

史記劉敬叔孫通列傳：「漢十二年，高祖欲以趙王如意易太子。叔孫通諫上曰：『昔者晉獻公以驪姬之故，廢太子，立奚齊，晉國亂者數十年，爲天下笑。秦以不早定扶蘇，令趙高得以詐立胡亥，自使滅祀，此陛下所親見。今太子仁孝，天下皆聞之，呂后與陛下攻苦食啖，其可背哉？陛下必欲廢適而立少，臣願先伏誅，以頸血汙地。』高帝曰：『公罷矣，吾直戲耳！』叔孫通曰：『太子，天下本，本一搖，天下振動，奈何以天下爲戲？』高帝曰：『吾聽公言。』及上置酒，見留侯所招客從太子入見，上迺遂無易太子志矣。」

高帝崩，孝惠卽位，徙叔孫通爲太常，定宗廟及漢諸儀法。

史記劉敬叔孫通列傳：「高帝崩，孝惠卽位，迺謂叔孫生曰：『先帝園陵寢廟，羣臣莫能習。』徙爲太常，定宗廟儀法，及稍定漢諸儀法，皆叔孫生爲太常所論著也。」

孝惠帝爲東朝長樂宮，築複道武庫南，以便往來，叔孫通諫之，乃立原廟。叔孫通希世度務，制禮進退，與時變化，卒爲漢家儒宗。

史記劉敬叔孫通列傳：「孝惠帝爲東朝長樂宮，及間往來，數蹕煩人，迺作複道。方築武庫南，叔孫通奏事，因請問曰：『陛下何自築複道？高寢衣冠，月出游高廟，高廟漢太祖，奈何令後世子孫乘宗廟道上行哉？』孝惠帝大懼曰：『急壞之。』叔孫生曰：『人主無過舉。今已作，百姓皆知之，今壞此，則示有過舉。願陛下爲原廟渭北，衣冠月出游之，益廣多宗廟，大孝之本也。』上迺詔有司立原廟，原廟起，以複道故。孝惠帝曾春出游離宮，叔孫生曰：『古者，有春嘗果。方今櫻桃孰，可獻，願陛下出，因取櫻桃獻宗廟。』上迺許之。諸果獻由此興。」又：「叔孫通希世度務，制禮進退，與時變化，卒爲漢家儒。大直若詘，道固委蛇，蓋謂是也！」

㈡　存佚考

漢禮器制度，漢志、隋志、舊唐志、新唐志均未著錄，王應麟以為隋、唐時亡佚。

王應麟漢藝文志考證：「三禮注疏所引漢禮器制度，通所作也，隋志已亡此書。」按：隋志作於唐時，是隋唐時無此書，故不著錄也。

然其逸文散見於三禮注疏、尚書疏、毛詩疏、春秋左傳疏、三禮圖注、太平御覽等書，

見各輯本及各書所引。

則其書唐時尚存，宋時始佚也。

崇文總目、宋史藝文志、文淵閣書目、內閣藏書目錄、四庫全書總目等，均未著錄；王應麟亦已不見此書。

清人蒐集逸文，成輯本四種：

漢禮器制度一卷，清王謨輯，存。

清志、重修清志、兩漢遺籍輯存著錄。

王謨漢禮器制度輯本敘錄：「今從三禮注疏中鈔出十九條外，鈔出尚書疏一條、毛詩疏二條，三禮圖注一條，御覽二條；又玉海三禮門以胡廣漢制度附此書下，故從後漢書注、文選注共鈔出六條。」

漢魏遺書鈔本。

漢禮器制度一卷，清孫星衍輯，存。

兩漢遺籍輯存著錄。

平津館叢書本、孫淵如所著書本、後知不足齋叢書本、叢書集成本、漢官六種本。

漢禮器制度一卷，清王仁俊輯，存。

兩漢遺籍輯存著錄。

玉函山房輯佚書續編本。

漢禮器制度，清勞格輯，存。

未見著錄。

勞格讀書雜識：「平津館校集本，多所漏略。甲午春讀禮記正義，得八條，皆孫本所未載者。」

讀書雜識本。

(三) 類屬考

此書或入經部禮類，

姚振宗漢書藝文志拾補六藝略禮：「叔孫通禮器制度。」朱師轍清史稿藝文志經部禮類總義之屬：「漢叔孫通禮器制度一卷。」注：「王謨輯。」按：彭國棟重修清史藝文志同。

今以經乃孔子之學，此書爲一代之典禮，當歸諸史部政書類儀制之屬爲是。

楊師家駱兩漢遺籍輯存史部政書類：「漢禮器制度一卷，舊題漢叔孫通撰，清孫星衍輯，平津館本。別有王謨、王仁俊輯本。」按：子目叢書類編入此書於史部政書類儀制之屬。

十　漢律考

漢律者，西漢諸朝所定之法律也。

李林甫等唐六典刑部注：「律，法也。魏文侯師李悝造法經六篇，商鞅傳之，改法爲律，以相秦。至漢蕭何，加悝所造戶興廐三篇，謂之九章九律。至武帝時，張湯、趙禹增律令科條，大辟四百九條。宣帝時，于定國又刪定律令科條。成帝時，律令煩多，百有餘萬言，大辟之罪，千有餘條。」按：西漢諸朝所定律令科條，合編之，即成律令一書。

撰者不一人，有帝王，有大臣。

詳後「撰人考」。

始頒三章，逐次成六十篇。

班固漢書刑法志：「漢興，高祖初入關，約法三章曰：『殺人者死，傷人及盜抵罪。』蠲削煩苛，兆民大說。」

房喬等晉書刑法志：「漢承秦制，蕭何定律，……趙禹朝律六篇，合六十篇。」

王應麟困學紀聞：「蕭何定漢律，益爲九篇，後稍增至六十篇。」

統觀之，律令之沿革，民俗之遞變，以及王政之興廢，皆可得考見也。

㈠ 撰人考

漢律既爲西漢各朝法律之總合，則撰非一人。據諸史料，除各朝帝王下詔之外，如高祖、景帝等所下之詔是也。班固漢書刑法志：「高祖初入關，約法三章曰：『殺人者死，傷人及盜抵罪。』……景帝元年，下詔曰：『加笞重罪無異，幸而不死，不可爲人。其定律：笞五百曰三百，笞三百曰二百。』猶尚不全，至中六年，又下詔曰：『加笞者，或至死，而笞未畢，朕甚憐之。其減笞三百曰二百，笞二百曰一百。』」

訂漢律者，高祖時有蕭何、叔孫通，

班固漢書刑法志：「其後四夷未附，兵革未息，三章之法，不足以禦姦。於是相國蕭何，攈摭秦法，取其宜於時者，作律九章。」

房喬等晉書刑法志：「漢承秦制，蕭何定律，除參夷連坐之罪，增部主見知之條，益事律興廄戶三篇，合爲九篇。叔孫通益律所不及，傍章十八篇。」

長孫無忌等隋書經籍志：「漢初，蕭何定律九章。」

文帝時有張倉、馮敬，

班固漢書刑法志：「（孝文時）丞相張倉、御史大夫馮敬奏言：『肉刑所以禁姦，所由來者久矣。陛下下明詔，憐萬民之一有過被刑，刑者終身不息，及罪人欲改行為善，而道亡繇至。於盛德，臣等所不及也。臣謹議請定律曰：諸當完者，完為城旦舂；當黥者，髡鉗為城旦舂；當劓者，笞三百；當斬左止者，笞五百；當斬右止，及殺人先自告，及吏坐受賕枉法，守縣官財物而即盜之，已論命復有籍笞罪者，皆棄市。……』」

景帝時有劉舍、衞綰，

班固漢書刑法志：「丞相劉舍、御史大夫衞綰，請笞者箠長五尺，其本大一寸，其末薄半寸，皆平其節。當笞者笞臀，毋得更人，畢一罪乃更人。自是笞者得全。」

武帝時有張湯、趙禹，

班固漢書刑法志：「（孝武）招進張湯、趙禹之屬，條定法令，作見知故縱、監臨部主之法，緩深故之罪，急縱出之誅。」

房喬等晉書刑法志：「張湯越宮律二十七篇，趙禹朝律六篇。」

李林甫等唐六典刑部注：「至武帝時，張湯、趙禹增律令科條，大辟四百九條。」

宣帝時有于定國等人。

李林甫等唐六典刑部注：「宣帝時，于定國又刪定律令科條。」

㈡ 存佚考

漢律，漢志未著錄，王應麟謂以律令藏於理官之故也。

王應麟漢藝文志考證：「律令臧於理官，故志不著錄。」

唯不久即亡，梁、隋已不見矣。

長孫無忌等隋書經籍志：「漢律久亡，故事駮議，又多零失。」

按：七錄、隋志均未著錄此書。

今傳輯本有：

漢律輯證六卷，清杜貴墀輯，存。

兩漢遺籍輯存著錄。

桐華閣叢書本、桐華閣全集本、郎園先生全書附本、光緒乙亥刊本、光緒間法律館鉛字排印本。

漢律輯存，清薛允升輯，存。

叢書大辭典著錄。

薛大司寇全集本。

漢律摭遺二十二卷，沈家本輯，存。

兩漢遺籍輯存著錄。
沈寄簃先生遺書本、寄簃先生遺書本。
漢律考七卷，程樹德輯，存。
販書偶記著錄。
民國己未京師刊本。

(三) 類屬考

姚氏拾補此書，入諸法家，以漢志無史略也。
姚振宗漢書藝文志拾補諸子略法家：「漢律六十篇。」
此書爲律例，非法學，故以今日細密之分類法繩之，當以歸入史部政書類刑法之屬，爲得其實。
楊師家駱兩漢遺籍輯存史部政書類：「漢律輯證六卷，淸杜貴墀輯，桐華閣本。」又：「漢律摭遺二十二卷，沈家本輯，沈寄簃先生遺書本。」按：子目叢書類編卽入此書於史部政書類刑法之屬。

十一　茂陵書考

茂陵書者，記西漢茂陵地理、制度、掌故、瑣事之史籍也。

顏師古漢書高帝紀注：「臣瓚曰：茂陵書：『象郡治臨塵，去長安萬七千五百里。』」

姚振宗漢書藝文志拾補：「所言多制度、地理之事，亦稱茂陵中書。」

(一)　撰人考

此書不詳何人所撰，輯本亦不著撰人。姚振宗疑其書出於王莽之時，

姚振宗漢書藝文志拾補：「武帝葬茂陵。王莽傳末言赤眉入長安園陵，皆發掘，唯霸陵、杜陵完。是茂陵亦遭發掘，茂陵中書豈出於斯時歟？」

因定此書爲西漢人所作，著錄於其漢志拾補。

姚振宗漢書藝文志拾補諸子略雜家：「茂陵書。」

(二)　類屬考

漢志無史略，故姚氏拾補入此書於雜家。

見前引。

考其內容，並以今日細密之分類繩之，則以入史部政書類掌故瑣記之屬爲宜。

楊師家駱兩漢遺籍輯存史部政書類：「茂陵書一卷，漢某撰，清洪頤煊輯，問經堂本。」

(三) 存佚考

此書漢志未著錄，而晉傅瓚注漢書嘗引之，是晉時猶存也。

司馬貞史記集解序索隱：「（傅瓚）註漢書，有引祿秩令及茂陵書。」

余靖北宋景祐刊漢書本上書：「瓚是晉中朝人，未喪亂之前，故得具其先輩音義及茂陵書、漢令等耳。」

王應麟玉海藝文：「高紀、文紀、食貨志注，臣瓚引茂陵書。」

姚振宗漢書藝文志拾補：「茂陵書今見於漢書臣瓚注所引者，凡高紀、文紀、武紀、百官公卿表、禮樂志、食貨志、衞青傳、公孫賀傳，綜十餘條。裴駰史記集解中引瓚說，亦間有茂陵書數條；唐六典卷十九注又別出一條。」

其後因晉亂亡佚，故七錄、隋志均不得著錄。

余靖北宋景祐刊漢書本上書：「瓚所采衆家音義目，服虔、孟康以外，並因晉亂湮滅，不傳江左。而高紀中瓚案茂陵書、文紀中案漢祿秩令，此二書亦復亡失，不得過江。」

今傳輯本有：

茂陵書一卷，清洪頤煊輯，存。

兩漢遺籍輯存著錄。

問經堂叢書本、經典集林本。

十二　西漢詔令考

西漢詔令者，西漢帝王所下之詔令也。原稱令甲、令乙、令丙，

班固漢書宣紀：「（地節四年九月詔）又曰：『令甲：死者不可生，刑者不可息。此先帝之所重，而吏未稱。今繫者或以掠辜，若飢寒瘦死獄中，何用心逆人道也？朕甚痛之，其令郡國歲上繫囚以掠笞，若瘦死者，所坐名縣爵里，丞相御史課殿最以聞。』」

房喬等晉書刑法志：「漢時決事，集爲令甲以下三百餘篇。」

顏師古漢書宣紀注：「文穎曰：『…令甲者，前帝第一令也。』如淳曰：『令有先後，故有令甲、令乙、令丙。』師古曰：『如說是也。甲、乙者，若今之第一、第二篇耳。』」

後稱漢令（併東漢詔令稱之），

姚振宗漢書藝文志拾補：「漢令三百餘篇。」

及宋林虙輯之，乃稱西漢詔令。

楊師家駱兩漢遺籍輯存：「西漢詔令十二卷，宋林虙輯，兩漢遺書本。」

律爲群臣所定，而令則爲帝王所下，以補律所不及，有時義存焉。

(一) 類屬考

漢志未著錄此書，姚氏拾補之，依其體制，入於諸子略法家。

見漢書藝文志拾補。

今以細密之四部分類法繩之，則以入史部政書類詔令之屬爲宜。

兩漢遺籍輯存入此書於史部政書類，子目叢書類編亦入於史部政書類詔令之屬。

(二) 存佚考

此書雖未著錄於七略、漢志，然班固漢書及顏師古注均嘗引之，則自東漢以迄唐初，猶存是書也。

班固漢書宣紀所引，已見前。

王應麟漢藝文志考證：「令甲：『諸侯在國，名田他縣，罰金二兩。』（哀帝紀注）令甲：『女子犯罪，作如徒六月，顧山遣歸。』（平帝紀注）金布令甲曰：『邊郡數被兵，離飢寒，夭絕天年，父子相失，令天下共給其費。』（蕭望之傳）…令丙：『箠長短有數。』（黃帝紀）秩祿令（史記呂后紀注、文帝紀注）、官衞令（張釋之傳注）、金布令（見上，高帝紀注、後漢禮儀志注）、品令（百官表注）、祠令（文帝紀注）…。」

然李賢注後漢書謂「漢令今亡」，則是書唐初猶存，其後則佚矣。

李賢後漢書孝安皇帝紀元初五年「丙子詔曰舊令制度各有科品」下注：「漢令今亡。」

今傳輯本有：

西漢詔令十二卷，宋林虙輯，存。

兩漢遺籍輯存著錄。

兩漢遺書本、兩漢詔令本。

十三　水經考

水經者，桑欽所作，
　詳後「撰人考」。
以記諸水之源流也。

所記有：河水、汾水、澮水、涑水、文水、原公水、洞過水、晉水、湛水、濟水、清水、沁水、淇水、蕩水、洹水、濁漳水、清漳水、易水、滱水、聖水、巨馬水、㶟水、濕餘水、沽河、鮑丘水、濡水、大遼水、小遼水、浿水、洛水、伊水、瀍水、澗水、穀水、甘水、漆水、滻水、沮水、渭水、漾水、丹水、汝水、潁水、洧水、潩水、潧水、渠、陰溝水、汳水、獲水、睢水、瓠子河、汶水、泗水、沂水、洙水、沭水、巨洋水、淄水、汶水、濰水、膠水、沔水、潛水、湍水、均水、粉水、白水、比水、淮水、滍水、淯水、㶏水、灈水、瀙水、潕水、溳水、漻水、蘄水、決水、泚水、泄水、肥水、施水、沮水、漳水、夏水、羌水、涪水、梓潼水、涔水、江水、青衣水、桓水、若水、沬水、延江水、存水、溫水、淹水、葉榆河、夷水、油水、澧水、沅水、泿水、資水、漣水、湘水、灕水、溱水、洭水、深水、鍾水、耒水、洣水、漉水、瀏水、溳水、贛水、廬江水、漸江水、斤江水、江以南至日南郡二十水，禹貢山水澤地所在。以上諸水，據武英殿聚珍版。

(一) 撰人考

漢書儒林傳及藝文志，皆不言桑欽作水經。

儒林傳僅言桑欽之學術師承統系，藝文志亦不著錄水經。

隋志始著此書，而不言撰人，僅言郭璞注及酈善長注。

長孫無忌等隋書經籍志史部地理：「水經三卷。」注：「郭璞注。」又：「水經四十卷。」注：「酈善長注。」

杜佑謂水經不詳所撰者名氏，且不知何代之書，乃考其書中多西漢後地名，並及魏、晉，遂以爲非漢人所作。

杜佑通典：「水經不詳所撰者名氏，亦不知何代之書。經云壽張，光武更名；臨濟，安帝更名；湖陸，章帝更名；永安，順帝更名。故知順帝以後纂序也。詳水經所作，殊爲詭誕。按後漢志，濟水，王莽時因旱渠塞，不復截河南過，既順帝所撰，都不詳悉。…經云武侯壘，又云魏興安陽縣，注云諸葛武侯所居，魏分漢中，立魏興郡，又改信都從長樂，則晉太康五年事也。然則非後漢人所撰。」

姚際恆亦據姚寬之說，以爲水經不可言欽作。

姚際恆古今僞書考：「恒案：漢儒林傳：古文尚書，塗惲授河南桑欽君長。桑欽蓋成帝時人。是書固不可言欽作，卽謂郭璞，又豈其然乎？姚寬西溪叢語曰：『水經，世以爲桑欽撰。予按易水註云：「故桑欽曰：易水出北新城西北，東入滱，自下：滱、易互受通稱矣。」又廣陽縣溪水亦引桑欽說。且水經正文皆無此語。』其考核尤精。然則桑欽固別有地理水道之書，而水經者不知何人所作也。又此桑欽亦非漢成帝時者，使然，不當見遺于漢志矣。」

紀昀等更推尋文句，謂大抵三國時人所撰。

紀昀等四庫全書總目：「水經作者，唐書題曰桑欽。然班固嘗引欽說，與此經文異；道元注亦引欽所作地理志，不曰水經。觀其涪水條中，稱廣漢已爲廣魏，則決非漢時；鍾水條中，稱晉寧仍曰魏寧，則未及晉代。推尋文句，大抵三國時人。」

歐陽玄亦謂蜀漢間人所爲，作者南人，注者北人。

歐陽玄圭齋集補正水經序：「余嘗參訂之，說者疑欽爲東漢順帝以後人，以⿱日⿲匕矢匕一縣疑之也。今經言江水東逕永安宮南，永安宮，昭烈託孤於孔明之地也，今特著於斯，又若因其人而重者，得非蜀漢間人所爲也？不寧惟是，其言北縣名多曹氏置，南縣名多孫氏置，余又未暇一二數，斯則近代宇文氏以爲經傳相淆者近之，然必作經作傳之人定而後可分也。……水經述作，往往見於南北分裂之時，借曰舊唐志可據，則作者南人，注者北人，在當時皆有此疆彼界之殊，又焉知其詳略異同，不限於一時聞見之所逮也？」

然錢大昕、畢沅、姚振宗、余嘉錫等，皆考定水經爲桑欽所作無誤。

錢大昕三史拾遺：「水經爲欽所作信矣。」按：詳見後引。

畢沅山海經新校正篇目考：「（隋、唐志）又有水經四十卷，酈善長注，乃桑氏之經。」

姚振宗漢書藝文志拾補：「或謂酈道元水經注引桑欽所作地理志，今考戴氏校本河水東北過高唐縣東條下引桑欽地理志曰：『漯水出高唐。』說文水部濕下亦引桑欽此說，桂氏義證遂謂此出桑欽所作地理志。然考趙氏注釋本，則云地理志桑欽曰：『漯水出高唐。』蓋即漢志引桑欽說，道元轉引之，非道元引桑欽地理志。戴氏沿永樂大典寫誤，失於校正耳。酈氏於濟水、濁漳水、易水、沔水下引桑欽說，又有四條，皆出漢志，亦無別引桑欽地理志之文。知桂氏及提要實沿戴氏此一條之誤也。」

余嘉錫四庫提要辨證：「水經注之作者，自當仍屬之桑欽。戴氏雖以是書名家，其說未有確據，徒以一二地名之疑似，遽翻前人之存案，未可從也。」

茲綜合衆說，條其理證：新唐志、崇文目、晁志、陳錄、史略、宋志所著錄，皆言桑欽撰。此其一。

歐陽修唐書藝文志：「桑欽水經三卷。」

王堯臣等崇文總目：「水經四十卷，桑欽撰。」

晁公武郡齋讀書志：「水經四十卷，右漢桑欽撰。欽，成帝時人。本經三卷，後魏酈道元注。」

陳振孫直齋書錄解題：「水經三卷，水經注四十卷，桑欽撰，後魏御史中尉范陽酈道元善長注。」

高似孫史略：「水經三卷，漢中大夫桑欽撰，後魏酈道元注為四十卷。」

漢書地理志所稱古文尚書，與水經合，而古文尚書亦為桑欽所傳。此其二。

錢大昕三史拾遺：「（漢書地理）志稱古文者十一：汧山終南惇物在扶風外方，在潁川內方，倍尾在江夏，嶧陽在東海，震澤在會稽，傅淺原在豫章，豬壄澤在武威，流沙在張掖，皆古文尚書家說，與水經所載禹貢山澤所在，無不脗合。相傳水經出於桑欽，欽即傳古文尚書者，則水經為欽所作信矣。」

水經有西漢後之地名者，乃後人附益改竄。此其三。

錢大昕三史拾遺：「戴東原以水經有廣魏縣，斷為魏人所作。大昕謂水經郡縣，間有與西漢互異者，乃後人附益改竄。猶爾雅周公作，而有張仲孝友之語；史記司馬遷作，而有揚雄之語也。」

舊唐志云郭璞撰者，撰當作注，隋志可證。此其四。

劉昫唐書經籍志：「水經二卷。」注：「郭璞撰。」

長孫無忌等隋書經籍志：「水經三卷。」注：「郭璞注。」

洵如是，則漢志不著錄者，乃漏略也。姚氏拾而補之，題曰桑欽水經，甚當。

姚振宗漢書藝文志拾補：「桑欽水經三卷。」

蓋諸所疑僞者，言之無理，持之無故，與其標新，不如信古。

杜佑之說，錢大昕已正之。姚際恆之說，錢大昕及姚振宗之說可正之。紀昀等之說、姚振宗之說可正之。歐陽玄之說，錢大昕說可正之。

桑欽，字君長，河南人也。

班固漢書儒林傳：「（塗惲）子眞授河南桑欽君長。王莽時，論學皆立，劉歆爲國師，璜、惲等皆貴顯。」

晁公武郡齋讀書志：「欽，成帝時人。」

從塗惲受古文尚書學。

班固漢書儒林傳：「孔氏有古文尚書，孔安國以今文字讀之，…授都尉朝，…都尉朝授膠東庸生，庸生授清河胡常，…常授虢徐敖，…（敖）授王璜平陵塗惲子眞，子眞授河南桑欽君長。」

所著有水經三卷傳世。

按：桑欽事蹟，漢書所傳欠詳。高似孫史略謂桑欽爲漢中大夫，不知在何朝？

(二) 注疏考

歷代之注疏水經，其較著者有：

水經三卷，晉郭璞注，佚。

隋志著錄三卷；舊唐志著錄二卷，而題郭璞撰。

杜佑通典：「景純注解疏略，亦多迂怪。」按：畢沅山海經新校正篇目考以為郭璞所注水經，非桑欽所作之水經，乃係山海經海內東經篇中自泯三江首至漳水入章武南一段。恐非是。

是書蓋佚於唐、宋間。

水經注四十卷，後魏酈道元撰，存。

隋志、舊唐志、新唐志、崇文目、中興目、宋志、永樂大典書目考、四庫全書總目著錄。

李林甫唐六典工部注：「桑欽水經，所引天下之水百三十七，江河在焉；酈善長注水經，引其枝流一千二百五十二。」紀昀等四庫全書總目：「崇文總目稱其中已佚五卷，故元和郡縣志、太平寰宇記所引滹沱水、洛水、涇水，皆不見於今書。然今書仍作四十卷，蓋宋人重刊分析以足原數也。是書自明以來，絕無善本，惟朱謀瑋所校，盛行於世，而舛謬亦復相仍。今以永樂大典所引各案水名，逐條參校，非惟字句之譌層出疊見，其中脫簡錯簡，有自數十字至四百餘字者。其道元自序一篇，諸本皆佚，亦惟永樂大典僅存。蓋當時所據，猶屬宋槧善本也。謹排比原文，與近代本鉤稽校勘，凡補其闕漏者二千一百二十八字，刪其妄增者一千四百四十八字，正其臆改者三千七百一十五字。神明煥然，頓還舊觀，三四百年之疑竇，一旦曠若發蒙。……至於經文注語，諸本率多混淆，今考驗舊文，得其端緒：凡水道所經之地，經則云過，注則云逕；經則統舉都會，注則兼及繁碎地名。凡一水之名，經則首句標明，後不重舉；注則文多旁涉，必重舉其名以更端。凡書內郡縣，經則但舉當時之名，注則兼考故城之迹。皆尋其義例，一一釐定，各以案語，附於下方。至塞外羣流，江南諸派，道元足迹皆所未經，故於灤河之正源、三藏水之次序、白檀要陽之建置，俱不免附會乖錯。甚至以浙江妄合姚江，尤爲傳聞失實。自我皇上命使履視，盡得其脈絡曲折之詳；御製熱河考、灤源考證諸篇，爲之抉摘舛謬，條分縷擘，足永訂千秋耳食沿譌，謹錄弁簡，永昭定論。」

山水二經合刻本、四庫全書本、摛藻堂四庫全書薈要本、武英殿聚珍版書本、崇文書局彙刻書本、四部叢刊本、四部備要本、中國學術名著本、世界文庫四部刊要本、萬有文庫薈要本、國學基本叢書四百種本、四庫善本叢書初編本、續古逸叢書本。單行本略。

水經注箋四十卷，明朱謀㙔撰，存。

販書偶記著錄。

四庫全書總目：「朱謀瑋所校，盛行於世，而舛謬亦復相仍。」
明萬曆乙卯（四十三年）西楚李長庚刊本。

水經補注，明楊愼撰，存。
叢書大辭典著錄。
升庵著作本。

水經注集釋訂譌四十卷，清沈炳巽撰，存。
四庫全書總目、清史藝文志著錄。
四庫全書總目：「其書據明嘉靖間黃省曾所刊水經注本，而以己意校定之，多所釐正。又以道元徵引之書，極爲博贍，傳寫既久，譌誤相仍，因徧檢史記、漢書志表及諸史各志，取其文字異同者，錄於下方，以備參考；其無他書可校者，則闕之。閒附以諸家考訂之說。凡州縣沿革，則悉以今名釋焉。中閒於地理方位，往往有不能詳審而漫爲臆度者，……。然炳巽作此書，凡歷九年而成，丹鉛矻矻，手自點定。其初未見朱謀瑋本，後求得之，而所見大略相同。亦可知其用心之勤至，雖不能盡出前人範圍，而鉤索考證之功，亦未可沒也。」
四庫全書本、四庫全書珍本初集本。

水經注釋四十卷，清趙一清撰，存。

四庫全書總目、清史藝文志著錄。

四庫全書總目：「酈道元水經注，傳寫舛譌，其來已久，諸家藏本，互有校讎，而大致不甚相遠。歐陽元功、王褘諸人，但稱經注混淆而已，於注文無異詞也。近時甯波全祖望，始自稱得先世舊聞，謂道元注中有注，本雙行夾寫，今混作大字，幾不可辨。一清因從其說，辨驗文義，離析其注中之注，以大字細字分別書之，使語不相雜，而文仍相屬。……又唐六典注稱桑欽所引天下之水百三十七，江河在焉。今本所列僅一百一十六水，考崇文總目載水經注三十五卷，蓋宋代已佚其五卷，今本乃後人離析篇帙，以合原數。此二十一水，蓋即在所佚之中。一清證以本注，雜採他籍，……共得二十一水，與六典注原數相符。其考據訂補，亦極精核。卷首列所據以校正者，凡四十本，雖其中不免影附誇多，然旁引博徵，頗爲淹貫，訂疑辨譌，是正良多。」

四庫全書本、乾隆十九年趙氏刊本，乾隆五十一年畢沅開封刻本、光緒間四明張壽榮花雨樓刻秋校根齋叢書本、光緒間會稽章壽康刻本。

水經注疏證四十卷，清沈欽韓撰，存。

清史藝文志著錄。

范希曾書目答問補正：「沈欽韓水經注疏四十四卷，勝趙釋，未刊。」

幼學堂遺書本。

水經注疏要刪四十卷，清楊守敬撰，存。

書目答問補正、叢書大辭典、販書偶記著錄。

光緒三十一年觀海堂刊本、楊氏鄰蘇園刻本、文海出版社影印本、廣文書局影印本。

水經注疏四十卷，清楊守敬、熊會貞同撰，存。

叢書大辭典著錄。

觀海堂所著書本、鄰蘇老人地理叢書本、國立中央圖書館藏楊、熊二氏手定底稿本、臺灣中華書局影印底稿本。

水經廣註□卷，清王峻撰，存。

叢書大辭典著錄。

艮齋全集本。

水經注無卷數，清戴震撰，存。

販書偶記著錄。

乾隆壬辰刊本。

㈢ 專著考

歷代考究水經而有專著，其較著者有：

刪水經十卷，唐李吉甫撰，佚。

新唐志著錄。

高似孫史略：「唐李吉甫有刪水經十卷，是難乎其刪矣！」

宋志未見著錄，蓋宋時已佚。

水經補亡三卷，金蔡珪撰，佚。

倪燦補遼金元志、錢大昕補元史志、龔顯曾金藝文志補錄著錄。

此書又名補正水經，四十篇。龔顯曾謂「蓋補酈注之亡。」

是書未見傳本，蓋已佚矣。

水經注鈔六卷，明鍾惺輯，存。

叢書子目類編著錄。

三注鈔本。

水經註碑目一卷，明楊慎撰，未見。

明志著錄。

傳本未見。

水經刊誤十二卷，清趙一清撰，存。

四庫全書總目、清志著錄。

參見「注疏考」水經注釋。

水經注釋合刊本。詳見前「注疏考」水經注釋，同其傳本。

水經注校三十卷，清戴震撰，存。

清志著錄。

此校酈道元水經注也。

聚珍本、杭本、福本、戴氏遺書本、南昌局本、廣州局本、四部叢刊本、微波榭刊本、中國學術名著本、世界文庫四部刊要本、萬有文庫薈要本。

水經注校正四十卷補遺一卷附錄一卷，清全祖望撰，存。

清志著錄。

靈石楊氏刊本，光緒十四年薛福成刊本、甯波崇實書院刻本。

水經注釋地四十卷水道直指一卷補遺一卷，清張匡學撰，存。

清志著錄。

嘉慶二年新安張氏刊本。

水經釋地八卷，清孔繼涵撰，存。

清志著錄。

微波榭叢書本、積學齋叢書本、會稽章壽康刻本。

水經注圖說殘稿四卷，清董祐誠撰，存。

清志著錄。

董方立遺書本、會稽章壽康刻本。

水經注西南諸水考三卷，清陳澧撰，存。

清志著錄。

求實齋叢書本、廣雅書局叢書本。

水經注圖二卷，清汪士鐸撰，存。

清志著錄。

武昌局本、江甯刻本、咸豐十年益陽胡林翼刊本。

合校水經注四十卷附錄二卷，清王先謙撰，存。

清志著錄。

光緒間長沙思賢書局刻本、寶善書局影印巾箱本、四部備要本。

水經注序補逸一卷，清盧文弨撰，存。

重修清志著錄。

抱經堂叢書本、紹興先正遺書第二集本、叢書集成本、羣書拾補本。

全校水經酈注水道表四十卷，清王楚材撰，存。

重修清志著錄。

四明叢書第六集本。

讀水經注一卷，清許玉瑑撰，存。

重修清志著錄。

詩契齋十種（日知小錄）本。

補水經注洛水涇水武陵五溪考一卷，清謝鍾英撰，存。

重修清志著錄。

南菁書院叢書第四集本。

水經注提綱四十卷，清陳澧撰，未見。

重修清志著錄。

傳本未見。

水經注正誤舉例五卷，清丁謙撰，存。
重修清志著錄。
求恕齋叢書本。
水經注匯校四十卷，清楊希閔撰，存。
書目答問補正著錄。
光緒間福州刻本。
水經注圖八卷，清楊守敬撰，存。
書目答問補正著錄。
觀海堂所著書本、鄰蘇老人地理叢書本。
水經注佚文一卷，清王仁俊輯，存。
叢書子目類編著錄。
此輯酈注佚文也。
經籍佚文本。
讀水經注小識四卷，清龐鴻書撰，存。
販書偶記著錄。

光緒甲辰石印本。

水經注疏要刪補遺一卷，清楊守敬撰，存。

販書偶記著錄。

觀海堂所著書本。

水經注補正一卷，清王初桐撰，存。

叢書大辭典著錄。

讙峚山人雜著本、古香堂十三種本。

水經要覽，清黃錫齡撰，存。

叢書大辭典著錄。

小方壺齋叢書本。

十四　七略別錄考

七略別錄者，劉向等校書已，向輒條其篇目，敘其要指，考其訛謬，撰爲敘錄，隨書奏上之外，又別集而成之書也。

班固漢書藝文志：「成帝時，以書頗散亡，使謁者陳農求遺書於天下，詔光祿大夫劉向校經傳、諸子、詩賦，步兵校尉任宏校兵書，太史令尹咸校數術，侍醫李柱國校方技。每一書已，向輒條其篇目，撮其指意，錄而奏之。」隋志所言亦同。

劉向所撰敘錄，原附所校書內，一併奏上。其後將各書敘錄分別抽出，集成一書，乃曰別錄。

所撰敘錄，於著錄書名篇目之後，或敘述讎校之原委，如孫卿新書敘錄，首著「荀卿新書三十二篇」，次錄「勸學篇第一」至「賦篇第三十二」各篇篇目。其後即言：「護左都水使者光祿大夫臣向言：所校讎中孫卿書，凡三百二十二篇，以相校，除復重二百九十篇，定著三十二篇，皆以定殺青，簡書可繕寫。」

姚明達中國目錄學史：「將板本之同異，篇數之多少，文字之訛謬，簡策之脫略，書名之異稱，舉凡一切有關讎校之原委，與校書人之姓名及上書之年月，無不備著於錄，使學者得悉一書寫定之經過。」

或介紹撰人之生平，

如孫卿新書敘錄，於敘述校讎之原委後，卽介紹荀卿之名字、籍貫、時代、行事、品德、學說、影響等。詳見今本荀子集解書末。其他如晏子敘錄、管子敘錄，於撰人之紹介，亦頗詳盡。倘不知撰人爲誰，則曰「不知作者」，如內業、讕者、功議之敘錄是也；或曰「不知何世」，如宰氏、尹都尉之敘錄是也。

或述說著書之原由，

如孫卿新書敘錄，於介紹撰人之後，述其著書之原由曰：「孫卿卒不用於世，老於蘭陵，疾濁世之政，亡國亂君相屬，不遂大道，而營乎巫祝，信機祥，鄙儒小拘如莊周等，又滑稽亂俗，於是推儒、墨、道德之行事興壞，序列箸數萬言而卒。」

或考鏡學術之源流，

如列子敘錄：「其學本於黃帝、老子，號曰道家。…孝景皇帝時，貴黃老術，此書頗行於世。及後遺落，散在民間，未有傳者。…」

或解釋其書之名義，

如戰國策敘錄：「中書本號，或曰國策，或曰國事，或曰短長，或曰事語，或曰長書，或曰脩書。臣向以爲戰國時游士，輔所用之國，爲之筴謀，宜爲戰國策。」

或說明其書之性質，

如戰國策敍錄：「其事繼春秋以後，訖楚漢之起，二百四十五年間之事。……皆高才秀士，度時君之所能行，出奇筴異智，轉危爲安，運亡爲存。……」是知其書屬史，故七略入於六藝略春秋類。

或辨別其書之眞僞，

如晏子敍錄，斷其書前六篇爲眞，後二篇可疑，而分內外篇是也。

或判定其書之價値，

如孫卿新書敍錄：「觀孫卿之書，其陳王道甚易行，疾世莫能用，其言悽愴，甚可痛也！……其書比於記傳，可以爲法。」言其書易行可法也。

或評論思想或史事。

評論思想者，如孫卿敍錄評公孫龍、李悝、尸子、長盧子、芋子之思想，以爲皆非先王之法，不循孔氏之術。惟孟軻、孫卿，爲能尊仲尼。如人君能用孫卿，庶幾於王。

評論史事者，如戰國策敍錄，評周、秦所以興衰之故，繫乎禮義之隆替也。

皆有義例可尋，可爲法則。

姚明達論劉向寫定敍錄之義例，計有八條（見中國目錄學史）。以上十項，即參酌其說，而舉例爲證也。

後代目錄書撰有敍錄者，皆本乎此。如崇文總目、郡齋讀書志、直齋書錄解題、文獻通考經籍考、經義考、史籍考、小學考、四庫全書總目等是也。

吾人得以考鏡古籍之要旨，明辨聖人之微意，皆受其賜。故此書之價值，非僅在目錄學，尤在學術界也。

(一) 書名考

漢志言劉向撰寫所校各書之敍錄，而不言其別集成書之書名。漢志之文，已見前引。

七錄序始謂時又別集衆錄，謂之別錄。

阮孝緒七錄序：「論其指歸，辨其訛謬，隨竟奏上，皆載在本書。時又別集衆錄，謂之別錄，卽今之別錄是也。」

至隋志簿錄小序仍曰別錄，而其所著錄則曰七略別錄。長孫無忌等隋書經籍志簿錄小序：「漢時，劉向別錄、劉歆七略，剖析條流，各有其部。推尋事迹，疑則古之制也。」

又簿錄篇著錄：「七略別錄二十卷。」注：「劉向撰。」

姚振宗釋其名曰：別錄卽七略之別本，子駿奏進七略時所勒成，故亦稱七略別錄。

姚振宗隋書籍志考證：「阮氏七錄序目言別錄體製，至爲明析，是知別錄卽七略之別本，言別有有此錄本云爾。」

又七略別錄佚文：「（劉向）典校既未及竣事，則別錄亦無由成書。相傳二十卷，殆子駿奏進七略之時勒成之。其曰七略別錄者，謂七略之外，別有此一錄也。」

果如其說，則別錄爲劉歆所編，非劉向所有也。姚明達則別有說法，以爲劉向寫敍錄於各本書時，卽別寫一份，集爲一書，非至劉歆奏進七略時始有，故「別錄」之上，不當加「七略」二字。

姚明達中國目錄學史：「七錄序已謂『時』又別集衆錄，顯係劉向等寫敍錄於各本書時，同時又別寫一份，集爲一書，隨時增益，卽隨時皆可謂爲已經成書，非至劉歆奏進七略時，始於七略之外，別著此書也。…別錄乃係各書敍錄之『別』錄，非七略之『別』錄，可無疑矣。而隋志乃以『七略』二字加於『別錄』之上，蓋與稱太史公書爲史記，同屬習俗流傳之訛，不得不據以爲辯也。禮記正義、儀禮疏、詩大雅疏、尚書疏、周禮疏、史記集解、史記索隱、兩漢書注諸書並引『劉向別錄』，絕不加『七略』於其上，足證吾說之不誣。」

余謂二姚之說，皆有是非。今傳輯本，或曰別錄，據七錄序及隋志也；或曰七略別錄，據隋志及其以後各志也。

今傳輯本，詳後存佚考。

隋志以後，如舊唐志、新唐志、淸史稿藝文志、重修淸史藝文志所著錄之存本或輯本，皆曰七略別錄。

必其書有兩名，故隋志得兩稱之；其書與七略爲詳略之關係，故兩稱咸得其宜。

別錄與七略爲詳略之關係，二姚所見相同。姚振宗隋書經籍志考證：「方之四庫全書，別錄爲總目提要，七略乃簡明目錄也。」姚明達中國目錄學史：「七略較簡，故名略；別錄較詳，故名錄。先有別錄，而後有七略，七略乃摘取別錄以爲書，故別錄詳而七略略也。隋志著錄七略僅七卷，別錄則有二十卷之多，即其明證。」

其書之敘錄，原在所校各書之上，故漢志但言奏上，未言別錄。向時又別集衆書敘錄爲一書，故稱別錄。

姚振宗謂別錄卽七略之別本，非也；姚明達謂別錄乃各書敘錄之「別」錄，是也。

蓋別錄之成書，有如四庫全書總目。紀昀等四庫全書凡例：「今於所列諸書，各撰爲提要。分之，則散弁諸編；合之，則共爲總目。」劉向所撰敘錄，分之，則散弁群籍；合之，則共爲別錄。

如此推想，亦甚合理。況七錄序有「時」又別集之說也。

而別錄爲七略之詳本，且其書原有七略之分類，故後人亦稱七略別錄。

姚振宗以爲可稱七略別錄，是也；姚明達以爲「別錄」之上，不當加「七略」二字，非也。

蓋此書原稱別錄，具編目及敘錄二體。七略則取其編目，去其敘錄，並加類敘。以二書編目相同（六分法），故後人在「別錄」上冠以「七略」也。

(二) 體制考

姚明達謂別錄非分類之書，所根據爲漢書「種別爲七略」之語。

姚明達中國目錄學史：「何以又謂七略爲分類之書而別錄則否歟？吾由漢書卷三十六所載劉歆『復領五經，卒父前業，乃集六藝群書，種別爲七略』之『種別』二字而知之。蓋所謂種別者，即依書之種類而分別之，明乎『時又別集衆錄，謂之別錄』，並未分類，至七略始分類編目也。」

斯又不然。蓋目錄之書，必具編目一體，至於敘錄及類敘，有則佳，無亦可。

目錄書之體制有三：一曰編目，二曰敘錄，三曰類敘。歷代目錄書，一書而具三體制者，如崇文目、晁志、馬考、四庫提要是也。一書而具二體制者，如陳錄（具編目與敘錄）、七略、漢志、隋志（以上具編目與類敘）是也。一書僅具一體者，如舊唐志、新唐志、宋志、文淵目、內閣目、明志（以上具編目）是也。體雖或全或略，然皆有編目之體也。

苟無編目，僅有敍錄，則爲別集，非目錄書也。

別錄之爲目錄書，世所公認。姚氏於中國目錄學史中論介此書，自亦無異見。七略之書，重在編目，故曰種別；別錄之書，重在敍錄，故曰撮其旨意。種別之外，仍有類敍；敍錄之外，仍有編目也。且漢志序謂劉向校經傳、諸子、詩賦，任宏校兵書，尹咸校數術，李柱國校方技，是向校書時已分書籍爲六大類，同乎七略之分矣。七略種別群書爲六藝略、諸子略、詩賦略、兵書略、數術略、方技略。六藝略著錄經傳之書，餘之名稱則同乎漢志序之所言。是知七略之分類襲於劉向校書時之分類，亦即沿用別錄之編目分類也。

是故余謂別錄具有編目及敍錄二體制，否則不得謂爲目錄書也。別錄之編目，依漢志序所言，蓋爲經傳、諸子、詩賦、兵書、數術、方技六大類。其敍錄，如孫卿新書敍錄，義例明晰，已見「前言」。

㈢　存佚考

隋、唐之世，此書尚見流傳，長孫無忌等隋書經籍志簿錄篇：「七略別錄二十卷。」注：「劉向撰。」

劉昫唐書經籍志目錄類：「七略別錄二十卷。」注：「劉向撰。」

歐陽修唐書藝文志目錄類：「劉向七略別錄二十卷。」

迄於北宋，惜乎佚矣。

宋代諸目，如崇文總目、秘書省四庫闕書目及其續目、郡齋讀書志、中興館閣書目及其續書目、宋國史藝文志、直齋書錄解題等，已不著錄此書。至於明、清諸目，如文淵閣書目、內閣藏書目錄、四庫全書總目等，更無論矣。是此書早佚於北宋甚明。

梁啓超圖書大辭典簿錄之部：「此書及七略，唐人各經史注疏徵引甚多，太平御覽亦尚有其遺文。惟崇文總目已不著錄，似亡於北宋也。」

禮失求諸野，書亡求諸錄。今傳戰國策、管子、晏子春秋、荀子、韓非子、列子、鄧析子、關尹子、子華子、說苑等書，卷首或書末，皆存其遺文，可資觀覽。

姚振宗隋書經籍志考證：「別錄佚文，今所傳尚有戰國策、管子、晏子、孫卿子、韓非子、列子、鄧析子諸敍奏、劉秀上山海經表，凡八篇。諸家輯本，皆未錄入，似皆未嘗詳勘七錄序目之言也。」自注：「諸家輯本，皆不從藝文志入手，故不能得其體要，未爲善本。」按：嚴可均輯本，已收戰國策等敍錄。

梁啓超圖書大辭典簿錄之部：「所謂『每一書撰爲一錄』者，今所傳戰國策、山海經、管子、晏子、列子、鄧析子、荀子、說苑諸書，卷首皆有劉向奏上一篇，蓋即其文也。」

清人復據群書徵引，撰成輯本數種：

別錄一卷，清洪頤煊輯，存。

兩漢遺籍輯存著錄。

問經堂叢書本、經典集林本。

別錄一卷，清陶濬宣輯，存。

叢書子目類編著錄。

稷山館輯補書本。

七略別錄一卷，清馬國翰輯，存。

清史稿藝文志、叢書大辭典、兩漢遺籍輯存著錄。

玉函山房輯佚書本。

七略別錄一卷，清王仁俊輯，存。

兩漢遺籍輯存著錄。

玉函山房輯佚書續編本。

別錄補遺一卷，清王仁俊輯，存。

兩漢遺籍輯存著錄。

玉函山房輯佚書續編本。

七略別錄佚文一卷，清姚振宗輯，存。

重修清史藝文志、叢書大辭典、兩漢遺籍輯存著錄。

快閣師石山房叢書本。

別錄一卷，清嚴可均輯，存。

兩漢遺籍輯存著錄。

全上古三代秦漢三國六朝文本。

別錄一卷，清羅振玉輯，存。

叢書大辭典著錄。

唐風樓專錄本。

七略別錄一卷，清顧觀光輯，存。

圖書大辭典簿錄之部著錄。

北京圖書館藏鈔本。

七略別錄二十卷，清陶濬宣輯，存。

兩漢遺籍輯存著錄。

稷山館輯補書本。

十五　七略考

(一) 撰人考

七略一書，劉歆所撰，見諸史籍，當無可疑。

班固漢書藝文志：「歆於是總羣書而奏其七略。」

又漢書楚元王傳：「歆乃集六藝羣書，種別爲七略。」

阮孝緒七錄序：「歆遂總括羣書，奏其七略。」

按：此外，隋志、舊唐志、新唐志亦言劉歆撰作七略。後人對此均無疑辭，是可信其眞也。

歆，字子駿；後改名秀，字穎叔。

班固漢書楚元王傳：「歆以建平元年改名秀，字穎叔云。」按：建平爲哀帝年號。

成帝時，以通詩書、能屬文，爲黃門郎，受詔與父向領校秘書。哀帝即位，向卒，歆復爲中壘校尉，遷騎都尉奉車光祿大夫，卒父前業，種別羣書爲七略。

并見楚元王傳及藝文志。劉氏父子領校秘書，含六藝、傳記、諸子、詩賦、兵書、數術、方技。

歆始治易，及校秘書，見古文春秋左氏傳，大好之。歆引傳文以解經，轉相發明，嘗數以難向，向不能非間也。

時丞相史尹咸、丞相翟方進皆治左氏，歆略從之，受質問大義。歆以為左丘明好惡與聖人同，親見夫子，而公羊、穀梁在七十子後，傳聞之與親見之，其詳略不同。向雖不能非間，然猶自持其穀梁義。詳見楚元王傳。

及歆親近，欲建立左氏春秋、毛詩、逸禮、古文尚書，皆列於學官。哀帝令與五經博士講論其義，諸博士或不肯置對。歆因移書太常博士，讓之，其言甚切，諸儒皆怨恨。歆懼誅，出守五原，歷三郡守。數年，以病免官。

歆移書讓博士，以為「禮失求之於野，古文不猶愈於野乎？」而諸博士「深閉固距而不肯試，猥以不誦絕之，欲以杜塞餘道，絕滅微學。夫可與樂成、難與慮始，此乃衆庶之所為耳，非所望士君子也。」「若必專己守殘，黨同門，妬道眞，違明詔，失聖意，以陷於文吏之議，甚為二三君子不取也。」

歆由是忤執政大臣，為衆儒所訕。光祿大夫龔勝，深自罪責，願乞骸骨罷。大司空師丹，奏歆改亂舊章，非毀先帝所立。詳見楚元王傳。

哀帝崩，王莽持政，舉歆為右曹太中大夫，封紅休侯，典儒林史卜之官，考定律歷，著三統歷譜。

姚振宗漢書藝文志拾補：「劉歆三統曆譜三卷。」

及王莽簒位，歆爲國師。後以信道士言，與衞將軍王涉、大司馬董忠謀欲發，事泄自殺。

道士西門君惠爲王涉言星孛掃宮室，劉氏當復興，國師公姓名是也。涉信之，與董忠數以語歆。歆初不應，後怨莽殺其三子，又畏大禍至，遂與涉、忠謀。忠復與孫伋謀，伋懼，與妻舅陳邯俱告，事發。忠被殺，歆、涉皆自殺。詳漢書王莽傳。

(二) 體制考

七略之所以爲名七略者，以其有輯略、六藝略、諸子略、詩賦略、兵書略、數術略、方技略，合之爲七也。

班固漢書藝文志：「歆於是總羣書而奏其七略，故有輯略，有六藝略，有諸子略，有詩賦略，有兵書略，有數術略，有方技略。」

雖名曰七，輯略乃其餘六略之總最，故實分我國古籍爲六大類。

阮孝緒七錄序：「(向)子歆撮其指要，著爲七略。其一篇卽六篇之總最，故以輯略爲名，……雖云七略，實有六條。」

劉歆部次羣籍，總爲六略，如易經入六藝略，晏子入諸子略，屈原賦入詩賦略，吳孫子兵法入兵書略，泰壹雜子星入數術略，黃帝內經入方技略。

按：其六藝略相當於後代之經部，諸子略、兵書略、數術略、方技略相當於後代之子部，詩賦略相當於後代之集部；以彼時史書寡少，附諸六藝略春秋。故此書之六分法，與後代之四分法，關係至爲密切。

六略之中，復分三十八種。

六藝略中，復分九種：易、書、詩、禮、樂、春秋、論語、孝經、小學。

諸子略中，復分十種：儒、道、陰陽、法、名、墨、從橫、雜、農、小說。

詩賦略中，復分五種：屈原賦、陸賈賦、孫卿賦、雜賦、歌詩。

兵書略中，復分四種：兵權謀、兵形勢、兵陰陽、兵技巧。

數術略中，復分六種：天文、歷譜、五行、蓍龜、雜占、形法。

方技略中，復分四種：醫經、經方、房中、神僊。

右計六略三十八種，見漢志。

阮孝緒古今書最：「七略書三十八種。」

所著錄先秦及西漢遺籍，凡六百三家，一萬三千二百一十九卷，以時爲次，各歸其種。

阮孝緒古今書最：「七略書三十八種，六百三家，一萬三千二百一十九卷。」

著錄各書，以時爲次，如六藝略小學種著錄史籀、八體六技、蒼頡、凡將、急就、元尚各書，係依周、秦、漢朝代爲次；而同屬漢代者，則依武帝、元帝、成帝先後爲次。

按：著錄各書之下，多有小注，蓋節別錄敍錄之文也。

略有總敍，種有小序。

總敍小序，均在輯略之中。七錄序所謂「其一篇卽六篇之總最」是也。

六略總敍，因學術性質不同，而論法各異；

六藝略總敍，論六藝與五常之關係，及學者之世變。

諸子略總敍，論諸子之所以起，及殊塗同歸之理。

詩賦略總敍，論詩賦之用，以時殊異。

兵書略總敍，論兵家之所出，及其爲歷世之所重。

數術略總敍，論其書不能具，及歷代之名家。

方技略總敍，論古今之名家，又醫與政之關係。

例見漢志，此不贅引。

至於各種小序，同略則論法少別，異略則體式各殊。

六藝略九種小序，多論經師傳授之始末，以明學術之源流。

諸子略十種小序，則論各家之所出與利弊，以辨思想之是非。

詩賦類五種小序，未見於漢志，蓋本無也。
兵書略四種小序，文簡意晐，僅釋各類名義而已。
數術略六種與方技略四種小序，釋其名義，亦論利弊。
例見漢志，此不贅引。

要之，此書之體制有二：一曰編目，所以編次羣籍，疏通倫類也；二曰類敘，所以辨章學術，考鏡源流也。

編目六略，類敘一略也。

後世目錄書之但有編目而無敘錄者，例本乎此；
梁啓超圖書大辭典簿錄之部：「此書殆將別錄中錄奏之文刪去，僅存書目，以備觀覽。後世書目之但列書名者，其例本於此。」

而後人因其類敘，乃得以考鏡先秦至西漢之學術源流。
姚振宗隋書經籍志考證：「其輯略中言六藝授受源流，班氏亦取以入儒林傳。」
吾人得因六藝略之類敘，而考知經學之源流；因諸子略之類敘，而考知子學之源流；餘則類推也。

故此書與別錄，於後代目錄學及學術界之影響，實深孔遠。

㈢ 存佚考

此書隋唐之世尚存，迄宋始佚。

長孫無忌等隋書經籍志簿錄篇：「七略七卷。」注：「劉歆撰。」

劉昫唐書經籍志目錄類：「七略七卷。」注：「劉歆撰。」

歐陽修唐書藝文志目錄類：「劉歆七略七卷。」

按：此書自宋以後史志目錄，即不見著錄矣。故梁啓超圖書大辭典簿錄之部云：「此書亦亡於宋代。」

唯其佚文，具在漢志。

姚振宗隋書經籍志考證：「七略三十八種之書，盡在藝文志；三十八種之流別，亦盡在于志。故其書雖亡，其流風餘韻，猶約略可尋。」

梁啓超圖書大辭典簿錄之部：「此書亦亡於宋代，但其原型全部存於漢書藝文志中。」

近考遠稽，其徵有四：班固自謂刪取劉歆七略，以成其藝文志。此其一。

班固漢書藝文志序：「歆於是總羣書而奏其七略，……今刪其要，以備篇籍。」

阮孝緒親見七略，亦謂「固乃因七略之辭，爲漢書藝文志。」此其二。

見阮氏七錄序（全漢文本）。

漢志於三十八種之末，必計所著錄書家、篇之數，其或言「入」某人某書若干篇、或言「出」某人某書若干篇者，即省益七略之注腳。此其三。

班固漢書藝文志六藝略書種末：「凡書九家，四百一十二篇。」自注：「入劉向稽疑一篇。」顏師古注：「此凡言入者，謂七略之外，班氏新入之也；其云出者，與此同。」

又樂種末：「凡樂六家，百六十五篇。」自注：「出淮南、劉向等琴頌七篇。」

今若將漢志所著錄書之種、家、卷數，入者復出之，省者復入之，其數正與古今書最所載七略種、家、卷之數合。此其四。

班固漢書藝文志末：「大凡書六略，三十八種，五百九十六家，萬三千二百六十九卷。」自注：「入三家五十篇，省兵十家。」

阮孝緒古今書最：「七略書三十八種，六百三家，一萬三千二百一十九卷。」

按：梁啓超圖書大辭典簿錄之部：「將漢書中班固自注『出某家入某家』者校而剔之，所餘者什九皆七略原文。」以古今書最證之，非僅什九，所餘者全皆七略原文也。

至於七略中輯略之佚文，蓋即六略之總敘及三十八種之小序，班固亦取之散入漢志各略各種之末。姚振宗、梁啓超亦咸作此推想。

姚振宗隋書經籍志考證：「三十八種之流別，亦盡在于志。…其輯略中言六藝授受源流…。」

梁啓超圖書大辭典簿錄之部：「其原型全部存於漢書藝文志中。…惟所謂輯略者，今不可見，…或漢志中各類小序中有其原文之一部。」

按：姚明達於此則持異見，以爲輯略卽六略之總序及總目，非敍述學術之源流。（見中國目錄學史）若如所言，則輯略內容豈不太簡乎？七錄序所謂「其一篇卽六篇之總最」，「總最」固可釋爲六略之總序及總目，然亦可釋爲六略總敍及三十八種小序。姚明達之說，略嫌武斷，然亦不可廢，故附此以備一說。

七略佚文，雖在漢志，然仍有輯本傳世：

七略一卷，清洪頤煊輯，存。

叢書大辭典、兩漢遺籍輯存著錄。

問經堂叢書本、經典集林本。

七略一卷，清陶濬宣輯，存。

兩漢遺籍輯存著錄。

稷山館輔補書本。

七略佚文一卷，清姚振宗輯，存。

叢書大辭典、兩漢遺籍輯存著錄。

快閣師石山房叢書本。

七略一卷，清嚴可均輯，存。

兩漢遺籍輯存著錄。

全上古三代秦漢三國六朝文本。

七略一卷，清顧觀光輯，存。

圖書大辭典簿錄之部著錄。

北京圖書館藏鈔本。

附錄一：今傳西漢史籍考參考及引用書目

經部

周禮注　漢鄭玄撰

周禮疏　唐賈公彥撰

說文解字注　清段玉裁撰

說文解字義證　清桂馥撰

說文句讀　清王筠撰

史部

史記　漢司馬遷撰

漢書　漢班固撰唐顏師古注

三國志　晉陳壽撰

後漢書　宋范曄撰唐李賢注

史記集解　宋裴駰撰

史記正義　唐張守節撰

史記索隱　唐司馬貞撰
晉　書　唐房喬等撰
史記評林　明凌稚隆撰
史記探源　清崔適撰
史記考異　清錢大昕撰
三史拾遺　清錢大昕撰
廿二史劄記　清趙翼撰
十七史商榷　清王鳴盛撰
司馬遷與史記　史次耘撰
廿五史述要　世界書局撰
史記考索　開明書店撰
二十五史補編　開明書店編
通　志　宋鄭樵撰
戰國策　漢蒯通撰
列女傳　漢劉向撰

列仙傳　漢劉向撰
華陽國志　晉常璩撰
唐六典　唐玄宗撰李林甫注
通典　唐杜佑撰
文獻通考　宋馬端臨撰
欽定續文獻通考　清乾隆官修
水經　漢桑欽撰後魏酈道元注
漢書藝文志　漢班固撰
古今書最　梁阮孝緒撰
隋書經籍志　唐長孫無忌等撰
日本國見在書目錄　日本藤原佐世撰
唐書經籍志　後晉劉昫撰
唐書藝文志　宋歐陽修撰
崇文總目　宋王堯臣等撰清錢東垣等輯釋
史略　宋高似孫撰

子略　宋高似孫撰
郡齋讀書志　宋晁公武撰
直齋書錄解題　宋陳振孫撰
秘書省續編到四庫闕書目　宋紹興中改定
中興館閣書目　宋陳騤等撰趙士煒輯
漢藝文志考證　宋王應麟撰
宋史藝文志　元脫脫等撰
文淵閣書目　明楊士奇等撰
內閣藏書目錄　明孫能傳等撰
四部正譌　明胡應麟撰
經義考　清朱彝尊撰
補晉書藝文志　清文廷式撰
補三史藝文志　清金門詔撰
遼史藝文志補證　清王仁俊撰
千頃堂書目　清黃虞稷撰

補遼金元藝文志　清倪燦等撰
金藝文志補錄　清龔顯曾撰
明史藝文志　清黃虞稷原撰王鴻緒等刪定
四庫全書總目　清紀昀等撰
增訂四庫簡明目錄標注　清邵懿辰等撰
書目答問補正　清張之洞撰范希曾補
七略別錄佚文　清姚振宗撰
漢書藝文志條理　清姚振宗撰
隋書經籍志考證　清姚振宗撰
後漢藝文志　清姚振宗撰
漢書藝文志拾補　清姚振宗撰
補後漢書藝文志　清侯康撰
讀書敏求記　清錢曾撰
鄭堂讀書記　清周中孚撰
隋書經籍志考證　清章宗源撰

越縵堂讀書記　清李慈銘撰
補元史藝文志　清錢大昕撰
古今僞書考　清姚際恒撰
日本訪書志　清楊守敬撰
四庫全書總目提要補正　胡玉縉撰
金史藝文略　孫德謙撰
重修清史藝文志　彭國棟撰
永樂大典書目考　郝慶柏撰
販書偶記　孫耀卿撰
清史稿藝文志　朱師轍撰
四庫提要辨證　余嘉錫撰
四庫大辭典　楊師家駱撰
叢書大辭典　楊師家駱撰
縮本四部叢刊初編書錄　臺灣商務印書館撰
圖書大辭典簿錄之部　梁啓超撰

要籍解題及其讀法　梁啓超撰
中國目錄學史　姚明達撰
目錄學發微　余嘉錫撰
叢書子目類編
國立中央圖書館善本書目　國立中央圖書館編
史　通　唐劉知幾撰

子　部

法　言　漢揚雄撰
中　說　隋王通撰
顏氏家訓　北齊顏之推撰
容齋隨筆　宋洪邁撰
容齋續筆　宋洪邁撰
容齋三筆　宋洪邁撰
容齋四筆　宋洪邁撰
師友談記　宋李廌撰

困學紀聞	宋王應麟撰
齊東野語	宋周密撰
考古質疑	宋葉大慶撰
井觀瑣言	明鄭瑗撰
日知錄	明顧炎武撰
十駕齋養新錄	清錢大昕撰
潛研堂答問	清錢大昕撰
愈愚錄	清劉寶楠撰
讀書雜誌	清勞格撰
古籍叢考	金德建撰
太平御覽	宋李昉等撰
玉　海	宋王應麟撰
西京雜記	晉葛洪撰
世說新語	宋劉義慶撰
抱朴子	晉葛洪撰

集部

全上古秦漢三國六朝文　清嚴可均撰
巢經巢文集　清鄭珍撰
文心雕龍　梁劉勰撰

附錄二：今傳西漢史籍考參考及引用篇目

論史記　宋林駉撰
史記考證　清張照撰
戰國策作於蒯通考　羅根澤撰
戰國策作於蒯通考補證　羅根澤撰
戰國策逸文考　諸祖狄撰
戰國策作者之推測　金德建撰
史記太史公自序　漢司馬遷撰
戰國策敘錄　漢劉向撰
列仙傳敘　漢劉向撰
晏子敘錄　漢劉向撰
孫卿新書敘錄　漢劉向撰
敍　箴　漢崔瑗撰
神仙傳序　晉葛洪撰

附錄二

楚漢春秋輯本序　清茆泮林撰
古孝子傳輯本題記　清茆泮林撰
列女傳校注序　清梁德繩撰
列女傳校注跋　清潘介繁撰
重刻余氏勤有堂本序　清顧之逵撰
摹刊宋本列女傳跋　清阮福撰
列女傳校注識　清汪遠孫撰
列仙傳校正本敘　清王照圓撰
列仙傳校正本序　清洪頤煊撰
漢禮器制度輯本敘錄　清王謨撰
漢禮器制度輯本序目　清孫星衍撰
圭齋集補正水經序　清歐陽玄撰
列仙傳斠注序　清沈濤撰
跋金德建先生戰國策作者之推測　羅根澤撰
記史纂閣所藏張氏史記新校注稿二百六十六卷　楊師家駱撰

北宋景祐刊漢書本上書　宋余靖撰

報任安書　漢司馬遷撰

修太史公祠碑　宋尹陽撰

兩漢遺籍輯存　楊師家駱撰

四庫全書凡例　清紀昀等撰

附錄三・歷代著錄今傳西漢史籍一覽

一　史記

班固漢書藝文志春秋：「太史公百三十篇。」注：「十篇有錄無書。」

長孫無忌等隋書經籍志正史：「史記一百三十卷。」注：「目錄一卷。漢中書令司馬遷撰。」

又：「史記八十卷。」注：「宋南中郎外兵參軍裴駰注。」

劉昫唐書經籍志正史類：「史記一百三十卷。」注：「司馬遷作。」

又：「史記八十卷。」注：「裴駰集解。」

又：「又一百三十卷。」注：「許子儒注。」

歐陽修唐書藝文志正史類：「司馬遷史記一百三十卷。」

又：「裴駰集解史記八十卷。」

又：「許子儒注史記一百三十卷，又音三卷。」注：「字文舉，叔牙子也。」

王堯臣等崇文總目正史類：「史記一百三十卷。司馬遷撰，裴駰集解。」

又：「史記八十七卷。」原釋：「唐陳伯宣注。因裴駰說有所未悉，頗增損焉，然多取司馬氏索隱以爲己說。今篇殘缺。」錢繹按：「此書本一百三十卷。」

脫脫等宋史藝文志正史類：「司馬遷史記一百三十卷。」注：「裴駰等集注。」

又：「又史記一百三十卷。」注：「陳伯宣注。」

金門詔補三史藝文志（遼代部分）正史類：「頒定史記、漢書。咸雍十年頒定。」

王仁俊遼史藝文志補證正史類：「史記、漢書，咸雍十年頒定。」

黃虞稷千頃堂書目（補金代部分）正史類：「蕭貢史記注一百卷。」

倪燦補遼金元藝文志（金代部分）正史類：「蕭貢史記注一百卷。」

金門詔補三史藝文志（金代部分）正史類：「徒單鎰史記譯解，大定六年以女直字譯。」

又：「蕭貢注史記一百卷。」

龔顯曾金藝文志補錄正史類：「注史記一百卷。」注：「蕭貢，京兆咸陽人，戶部尚書。」

孫德謙金史藝文略古史：「史記注一百卷。」注：「戶部尚書咸陽蕭貢貞卿撰。」

楊士奇等文淵閣書目史：「史記。」按：該書目共著史記七部，一部三十冊完全，其餘或四十冊，或三十一冊，或十二冊，或十八冊，或二十二冊，或二十一冊，均闕。」

孫能傳等內閣藏書目錄史部：「史記三十冊，全，漢司馬遷著。」按：又著八冊及三十九冊各一部，均不全。

紀昀等四庫全書總目正史類：「史記一百三十卷，漢司馬遷撰，褚少孫補。」

又：「史記集解一百三十卷，宋裴駰撰。」

又：「史記正義一百三十卷，唐張守節撰。」

彭國棟重修清史藝文志正史類：「史記補注一百三十卷。」注：「錢坫撰。」

楊師家駱兩漢遺籍輯存正史類：「史記一百三十卷，漢司馬遷撰，北宋景祐刊集解本。」

又：「史記佚文一卷，王仁俊輯，經籍佚文本。」

二　戰國策

班固漢書藝文志六藝略春秋：「戰國策三十三篇。」注：「記春秋後。」

姚振宗後漢藝文志雜史類：「高誘戰國策注三十三卷。」

長孫無忌等隋書經籍志雜史：「戰國策三十二卷。」注：「劉向錄。」

又：「戰國策二十一卷。」注：「高誘撰注。」

藤原佐世日本國見在書目錄：「戰國策三十三卷，劉向撰，高誘注。」

劉昫唐書經籍志雜史：「戰國策三十二卷。」注：「劉向撰。」

又：「戰國策三十二卷。」注：「高誘注。」

歐陽修新唐書藝文志雜史類：「劉向戰國策三十二卷。」

又：「高誘注戰國策三十二卷。」

王堯臣等崇文總目雜史類：「戰國策二十二卷。」

又：「戰國策八卷。」原釋：「漢護左都水使者光祿大夫劉向錄。」

陳騤等中興館閣書目縱橫家：「戰國策三十三卷。」注：「後漢高誘注。」

脫脫等宋史藝文志縱橫家類：「高誘注戰國策三十三卷。」

又：「鮑彪注國策十卷。」

又兵書類：「戰國策三十三卷。」

黃虞稷千頃堂書目雜家類：「吳師道戰國策校注十卷。」

倪燦盧文弨補遼金元藝文志雜家類：「吳師道戰國策校注十卷。」注：「一作十一卷。又名戰國策正誤。」

金門詔補三史藝文志縱橫家類：「吳師道戰國策校注十卷。」

欽定續文獻通考經籍考雜史：「吳師道戰國策校注十卷。」按：雜家亦著錄此書。

又雜家：「姚氏戰國策，姚寬著。」

又：「鮑氏戰國策，鮑恢著。」

又：「戰國策注，鮑彪著。」

錢大昕補元史藝文志古史類：「吳師道戰國策校注十卷。」

郝慶柏永樂大典書目考：「戰國策。」

楊士奇等文淵閣書目子書：「戰國策。」注：「一部，四冊，完全。」按：又著錄一部，七冊，完全；又一部，四冊，闕。

孫能傳等內閣藏書目錄史部：「戰國策四冊，全。」按：又著錄三冊，全；又六冊，不全。

紀昀等四庫全書總目雜史類：「戰國策注三十三卷。」提要：「舊本題漢高誘注，今考其書，實宋姚宏校本也。」

又：「鮑氏戰國策注十卷。」提要：「宋鮑彪撰。」

又：「戰國策校注十卷。」提要：「元吳師道撰。」

又雜史類存目：「戰國策談棷十卷。」提要：「明張文爟撰。

彭國棟重修清史藝文志雜史類：「戰國策注三十五卷。」注「于鬯撰。」

又：「戰國策佚文一卷。」注：「王仁俊輯。」

楊師家駱兩漢遺籍輯存雜史類：「戰國策三十三卷札記三卷，漢高誘注清黃丕烈札記，士禮居黃氏叢書本。」

又：「戰國策逸文考一卷，諸祖耿輯，制言雜誌本。」

三　楚漢春秋

班固漢書藝文志六藝略春秋：「楚漢春秋九篇。」注：「陸賈所記。」

長孫無忌等隋書經籍志雜史：「楚漢春秋九卷。」注：「陸賈撰。」

劉昫唐書經籍志雜史：「楚漢春秋二十卷。」注：「陸賈撰。」

歐陽修唐書藝文志雜史類：「陸賈楚漢春秋九卷。」

朱師轍清史稿藝文志雜史類：「漢陸賈楚漢春秋一卷。」注：「黃奭輯。」按：彭國棟重修清史藝文志同。

楊師家駱兩漢遺籍輯存雜史類：「楚漢春秋一卷疑義一卷考證一卷，漢陸賈撰茆泮林輯陳其榮考證，槐廬叢書本。別有洪頤煊、黃奭輯本。」

四　蜀王本紀

姚振宗漢書藝文志拾補數術略形法：「揚雄蜀王本紀一卷。」

長孫無忌等隋書經籍志地理：「蜀王本紀一卷。」注：「揚雄撰。」

劉昫唐書經籍志地理：「蜀王本紀一卷。」注：「揚雄撰。」

歐陽修唐書藝文志地理類：「楊雄蜀王本紀一卷。」

宋紹興中改定秘書省續編到四庫闕書目傳記：「蜀王霸業記一卷。」注：「闕。」

彭國棟重修清史藝文志載記類：「蜀王本紀一卷。」注：「洪頤煊輯。」

又：「蜀王本紀一卷。」注：「王仁俊輯。」

楊師家駱兩漢遺籍輯存載記類：「蜀王本紀一卷，漢揚雄撰，清洪頤煊輯。問經堂本。別有王仁俊輯本。」

五　列女傳

班固漢書藝文志諸子略儒家：「劉向所序六十七篇。」注：「新序、說苑、世說、列女傳頌圖也。」

長孫無忌等隋書經籍志雜傳：「列女傳十五卷。」注：「劉向撰，曹大家注。」

又：「列女傳七卷。」注：「趙母注。」

劉昫唐書經籍志乙部史錄雜傳：「列女傳二卷。」注：「劉向撰。」

歐陽修唐書藝文志乙部史錄雜傳記類：「劉向列士傳二卷。」按：士當作女。

又：「劉向別女傳十五卷。」注：「曹大家注。」

王堯臣等崇文總目傳記類：「列女傳十五卷。」原釋：「曹大家注。陳嬰母等十六傳，後人所附。」

脫脫等宋史藝文志傳記類：「劉向古烈女傳九卷。」

楊士奇等文淵閣書目史附：「劉向列女傳。」注：「一部一冊，闕。」按：又三部，各一冊，闕。又一部，二冊，闕。明書經籍志著錄同。

紀昀等四庫全書總目史部傳記類：「古列女傳七卷，續列女傳一卷。」提要：「漢劉向撰。」

朱師轍清史稿藝文志傳記類：「列女傳補注八卷，附敘錄一卷，校正一卷。」注：「閨秀王照圓撰。」

又：「列女傳校注八卷。」注：「閨秀梁端撰。」

又：「列女傳集注八卷。」注：「閨秀蕭道管撰。」

楊師家駱兩漢遺籍輯存傳記類：「列女傳七卷。漢劉向撰。文選樓本。」

六　列仙傳

姚振宗漢書藝文志拾補方技略神仙：「劉向列仙傳二卷。」

長孫無忌等隋書經籍志雜傳：「列仙傳讚三卷。」注：「劉向撰。鬷續，孫綽讚。」

又：「列仙傳讚二卷。」注：「劉向撰，晉郭元祖讚。」

劉昫唐書經籍志雜傳：「列仙傳讚二卷。」注：「劉向撰。」

歐陽修唐書藝文志道家類：「劉向列仙傳二卷。」

王堯臣等崇文總目道書類：「列仙傳二卷。」原釋：「劉向撰，凡七十二人。」

陳騤等中興館閣書目神仙家：「列仙傳三卷。」注：「劉向撰。」

脫脫等宋史藝文志道家類：「劉向列仙傳三卷。」

楊士奇等文淵閣書目道書：「列仙傳。」注：「一部一冊。」按：又三部，各一冊。

紀昀等四庫全書總目道家類：「列仙傳二卷。」提要：「舊本題漢劉向撰。」

朱師轍清史稿藝文志道家類：「列仙傳校正二卷，附列仙讚一卷。」注：「閨秀王照圓撰。」

楊師家駱兩漢遺籍輯存傳記類：「列仙傳二卷，漢劉向撰。正統道藏本。」

又：「列仙傳佚文一卷，王仁俊輯。補玉函山房本。」

七　孝子傳

姚振宗漢書藝文志拾補諸子略儒家：「劉向孝子圖傳。」

章宗源隋書經籍志考證史部雜傳：「孝子圖。」注：「卷亡，劉向撰。不著錄。」

藤原佐世日本國見在書目錄雜傳：「孝子傳圖一卷。」

朱師轍清史稿藝文志傳記類：「漢劉向孝子傳一卷。」注：「黃奭輯。」

彭國棟重修清史藝文志傳記類：「漢劉向孝子傳一卷。」注：「黃奭輯。」

又：「孝子傳一卷。」注：「王仁俊輯。」

又：「孝子傳一卷。」注：「茆泮林撰。」按：撰當作輯。

楊師家駱兩漢遺籍輯存史部傳記類：「孝子傳一卷，漢劉向撰，清茆泮林輯，龍溪精舍本。別有黃奭、王仁俊輯本。」

八　十二州箴

班固漢書藝文志諸子略儒家：「揚雄所序三十八篇。」注：「太玄十九，法言十三，樂四，箴二。」

長孫無忌等隋書經籍志集部別集：「漢太中大夫揚雄集五卷。」

劉昫唐書經籍志丁部集錄別集類：「揚雄集五卷。」

歐陽修唐書藝文志丁部集錄別集類：「揚雄集五卷。」

陳騤等中興館閣書目集部別集類：「二十四箴一卷。」注：「揚雄撰。」

陳振孫直齋書錄解題別集類：「揚子雲集五卷。」又：「二十四箴一卷。」注：「揚雄撰。」

脫脫等宋史藝文志集類別集類：「揚雄集六卷，又二十四箴一卷。」

楊士奇等文淵閣書目文集：「揚子雲文集。」注：「一部一冊，闕。」

紀昀等四庫全書總目集部別集類：「揚子雲集六卷。」提要：「漢揚雄撰。」

楊師家駱兩漢遺籍輯存史部政書類：「十二州箴一卷，漢揚雄撰，清王謨輯，重訂漢唐地理書鈔本。」

九　漢禮器制度

姚振宗漢書藝文志拾補六藝略禮：「叔孫通禮器制度。」

朱師轍清史稿藝文志經部禮類總義之屬：「漢叔孫通禮器制度一卷。」注：「王謨輯。」按：重修清志同。

楊師家駱兩漢遺籍輯存史部政書類：「漢禮器制度一卷，舊題漢叔孫通撰，清孫星衍輯，平津館本。別有王謨、王仁俊輯本。」

十　漢律

姚振宗漢書藝文志拾補諸子略法家：「漢律六十篇。」

楊師家駱兩漢遺籍輯存史部政書類：「漢律輯證六卷，清杜貴墀輯，桐華閣本。」又：「漢律摭遺二十二卷，沈家本輯，沈寄簃先生遺書本。」

十一　茂陵書

姚振宗漢書藝文志拾補諸子略雜家：「茂陵書。」

楊師家駱兩漢遺籍輯存史部政書類：「茂陵書一卷。漢某撰，清洪頤煊輯，問經堂本。」

十二　西漢詔令

姚振宗漢書藝文志拾補諸子略法家：「漢令三百餘篇。」

楊師家駱兩漢遺籍輯存史部政書類：「西漢詔令十二卷，宋林虙輯，兩漢遺書本。」

十三　水經

姚振宗漢書藝文志拾補數術略形法：「桑欽水經三卷。」

長孫無忌等隋書經籍志史部地理：「水經三卷。」注：「郭璞注。」

又：「水經四十卷。」注：「酈善長注。」

劉昫唐書經籍志乙部史錄地理類：「水經二卷。」注：「郭璞撰。」

又：「又四十卷。」注：「酈道元撰。」

歐陽修唐書藝文志乙部史錄地理類：「桑欽水經三卷。」

又：「酈道元注水經四十卷。」

王堯臣等崇文總目地理類：「水經四十卷，桑欽撰。」錢繹：「水經本二卷，此作四十卷，當是酈道元注也。經下應增注字。」

陳騤等中興館閣書目地理類：「水經注四十卷。」

脫脫等宋史藝文志地理類：「桑欽水經四十卷。」注：「酈道元注。」

郝慶柏永樂大典書目考地理：「水經注四十卷。」注：「後魏酈道元撰。」

楊士奇等文淵閣書目古今志：「水經。」注：「十二冊。」

紀昀等四庫全書總目史部地理類：「水經注四十卷。」提要：「後魏酈道元撰。」

又：「水經注集釋訂譌四十卷。」提要：「國朝沈炳巽撰。」
又：「水經注釋四十卷，刊誤十二卷。」提要：「國朝趙一清撰。」
朱師轍清史稿藝文志地理類山川河渠之屬：「水經注集釋訂譌四十卷。」注：「沈炳巽撰。」
又：「水經注釋四十卷，刊誤十二卷，附錄一卷。」注：「趙一清撰。」
又：「水經注校三十卷，水地記一卷。」注：「戴震撰。」
又：「水經注校正四十卷，補遺一卷，附錄一卷。」注：「全祖望撰。」
又：「合校水經注四十卷，附錄二卷。」注：「王先謙。」
彭國棟重修清史藝文志地理類山川河渠之屬：「水經注補逸一卷。」注：「盧文弨撰。」
楊師家駱兩漢遺籍輯存史部地理類：「水經二卷，漢桑欽撰。說郛本。」

十四　七略別錄

姚振宗漢書藝文志拾補諸子略雜家：「劉向七略別錄二十卷。」
長孫無忌等隋書經籍志簿錄篇：「七略別錄二十卷。」注：「劉向撰。」
劉昫唐書經籍志目錄類：「七略別錄二十卷。」注：「劉向撰。」
歐陽修唐書藝文志目錄類：「劉向七略別錄二十卷。」
朱師轍清史稿藝文志目錄類：「漢劉向七略別錄一卷。」注：「馬國翰輯。」

彭國棟重修清史藝文志目錄類：「七略別錄佚文一卷。」注：「姚振宗輯。」

楊師家駱兩漢遺籍輯存史部目錄類：「七略別錄二十卷，漢劉向撰，清陶濬宣輯，稷山館輯補書本。別有洪頤煊、嚴可均、馬國翰、姚振宗、王仁俊輯本。」

十五　七略

姚振宗漢書藝文志拾補諸子略雜家：「劉歆七略七卷。」

長孫無忌等隋書經籍志簿錄篇：「七略七卷。」注：「劉歆撰。」

劉昫唐書經籍志目錄類：「七略七卷。」注：「劉歆撰。」

歐陽修唐書藝文志目錄類：「劉歆七略七卷。」

楊師家駱兩漢遺籍輯存史部目錄類：「七略一卷，漢劉歆撰，清陶濬宣輯，稷山館輯補書本。別有洪頤煊、嚴可均、姚振宗輯本。」

附錄四：國立中央圖書館所藏西漢史籍善本

一　史記

(一)南宋初覆刊北宋監本

史記存一百二十六卷，三十冊，漢司馬遷撰，宋裴駰集解。缺卷一百十三至卷一百十六。

(二)明刊十行本

史記一百三十卷，四十冊，漢司馬遷撰，宋裴駰集解。按：又一部，五十二冊。又一部，存九卷（卷五十二至卷六十），二冊。

(三)明崇禎辛巳（十四年）毛氏汲古閣刊清順治間修補本

史記一百三十卷，十二冊，漢司馬遷撰，宋裴駰集解。朱墨批校。按：又一部，存一百六卷（缺卷二十三至卷四十六），十三冊，清翁方綱手筆批校。

(四)日本寶治二年寫卷子本

史記存一卷，一冊，漢司馬遷撰，宋裴駰集解，唐司馬貞索隱。近人章炳麟手書題記。存卷二夏本紀。

(五)蒙古中統二年平陽道段氏刊本

史記存八卷，二冊，漢司馬遷撰，宋裴駰集解，唐司馬貞索隱。存卷二十三至卷三十。

㈥明初豐城游明校刊本

史記一百三十卷，四十冊，漢司馬遷撰，宋裴駰集解，唐司馬貞索隱。

㈦明正德戊寅（十三年）建陽令邵宗周刊十六年劉氏愼獨齋校訂本

史記一百三十卷，三十冊，漢司馬遷撰，宋裴駰集解，唐司馬貞索隱。按：又一部，十六冊。又一部，二十四冊。

㈧元前至元二十五年吉州安福彭寅翁刊本配補游明刊本

史記一百三十卷，十六冊，漢司馬遷撰，宋裴駰集解，唐司馬貞索隱，張守節正義。卷四至卷六、卷十八至卷二十二凡八卷配補。按：又一部，存二十七卷（卷二至卷四、卷四十六、卷四十七、卷五十至卷五十四、卷六十六、卷六十七、卷九十二至卷九十四、卷九十七至卷一百〇四、卷一百十一、卷一百十二），十一冊，近人沈曾植手書題記。

㈨明正德十二年閩中廖鎧闕西刊本

史記一百三十卷，二十四冊，漢司馬遷撰，宋裴駰集解，唐司馬貞索隱，張守節正義。

㈩明嘉靖四年金臺汪諒刊本

史記一百三十卷，三十二冊，漢司馬遷撰，宋裴駰撰，唐司馬貞索隱，張守節正義。清道光庚寅（

十年）龔自珍等觀款。按：又一部，無龔氏觀款。又二部，均三十冊。

(十一)明嘉靖丁亥（六年）震澤王延喆覆宋刊本

史記一百三十卷，二十冊，漢司馬遷撰，宋裴駰集解，唐司馬貞索隱，張守節正義。按：又一部，六十四冊。又一部，六十冊。又一部，三十冊，清九芝館主人手校竝過錄明歸有光批點及凡例。又一部，四十八冊。

(十二)明嘉靖八至九年南京國子監刊本

史記一百三十卷，二十六冊，漢司馬遷撰，宋裴駰集解，唐司馬貞索隱，張守節正義。清吳體乾批校。按：又一部，三十冊。

(十三)明嘉靖十三年秦藩刊本

史記一百三十卷，二十冊，漢司馬遷撰，宋裴駰集解，唐司馬貞索隱，張守節正義。朱校，清莫友芝手書題記。按：又一部，無校記。

(十四)明嘉靖十三年秦藩刊庚戌（二十九年）修補本

史記一百三十卷，四十八冊，漢司馬遷撰，宋裴駰集解，唐司馬貞索隱，張守節正義。按：又一部，二十冊。

(十五)明萬曆三年南監刊本

史記一百三十卷，二十四冊，漢司馬遷撰，宋裴駰集解，唐司馬貞索隱，張守節正義。

㈥明萬曆二十四年北監刊本

史記一百三十卷，四十冊，漢司馬遷撰，宋裴駰集解，唐司馬貞索隱，張守節正義。按：又一部，二十冊。

㈦日本舊活字本

史記一百三十卷，五十冊，漢司馬遷撰，宋裴駰集解，唐司馬貞索隱，張守節正義。按：又一部，同。

㈧明萬曆丙子（四年）吳興凌氏刊本

史記評林一百三十卷，三十二冊，漢司馬遷撰，宋裴駰集解，唐司馬貞索隱，張守節正義，明凌稚隆輯評。按：又一部，二十冊。又一部，四十冊。又一部，四十冊，清胡觀光過錄歸有光史記評點例意。

㈨明末葉刊本

史記一百三十卷，十三冊，漢司馬遷撰，明朱東觀、張煒如等輯評。

㈩明崇禎庚辰（十三年）刊本

史記一百三十卷，二十四冊，漢司馬遷撰，明徐孚遠、陳子龍測議。按：又一部，同。

(廿一)明末葉錢塘鍾氏原刊本

史記一百三十卷，二十四冊，漢司馬遷撰，明鍾人傑輯評。按：又一部，十六冊，朱藍兩色批校。

(廿二)明刊唐氏選本

唐荊川批選史記十二卷，十冊，漢司馬遷撰，明唐順之批選。

(廿三)明萬曆乙亥（三年）原刊茅氏選本

史記鈔九十一卷，十冊，漢司馬遷撰，明茅坤評選。

(廿四)明泰昌元年烏程閔氏刊朱墨套印茅氏選本

史記鈔九十一卷，十二冊，漢司馬遷撰，明茅坤選，閔振業輯評。按：又一部，二十四冊，明崇禎間謝廷楨手書題記。

(廿五)明萬曆己卯（七年）吳興凌氏刊朱墨套印選本

史記纂二十四卷，十六冊，漢司馬遷撰，明凌稚隆評選。

(廿六)明萬曆乙酉（十三年）張光曜刊詹氏選本

史記拔奇二卷，四冊，明詹惟修選。硃墨批注。

(廿七)明萬曆十五年吳山俞氏原刊選本

史概十卷，十冊，漢司馬遷撰，明俞思學選。

㉖鈔　本

古照堂第三才子史記四十一卷，十六冊，漢司馬遷撰，不著評註人。

㉗清嘉慶元年朝鮮內閣銅活字選本

史記英選六卷，六冊，漢司馬遷撰，朝鮮正祖勅編。

㉘清道光七年許氏手定底稿選本

食蹠軒史記鈔六卷，十二冊，漢司馬遷撰，清許鴻磐選。

㉙觀我堂叢書編者手稿選本

史記列傳鈔一卷，漢司馬遷撰。史記河渠書一卷，平準書一卷，漢司馬遷撰。

二　戰國策

㈠明嘉靖戊子（七年）吳門龔雷覆宋刊本

戰國策十卷，八冊，宋鮑彪注。按：又一部，十二冊；又一部，四冊。

㈡明嘉靖壬子（三十一年）吳郡杜詩覆宋刊本

戰國策十卷，四冊，宋鮑彪注。按：又一部，十冊，清顧明手校。

㈢明萬曆九年巴郡張一鯤校刊本

戰國策十卷，四冊，宋鮑彪注。

㈣明覆刊元至正乙巳（二十五年）平江路儒學本

戰國策十卷，十二冊，宋鮑彪注，元吳師道校注。按：又一部，近人徐乃昌手書題記。

㈤明刊黑口本

戰國策十卷，十二冊，宋鮑彪注，元吳師道校注。

㈥明新建李克家校刊本

戰國策校注十卷，八冊，宋鮑彪注，元吳師道校注。

㈦明刊九行本

戰國策十卷，十六冊，宋鮑彪注，元吳師道校注。朱批。

㈧清乾隆間闕里孔氏詩禮堂刊校樣本

戰國策十卷，卷末一卷，六冊，宋鮑彪注，元吳師道校注。

㈨清乾隆間朝鮮內閣活字本

戰國策十卷，六冊，宋鮑彪注，元吳師道校注。

㈩明萬曆間河南道監察御史劉懷恕校刊本

戰國策十卷，八冊，明穆文熙纂注。

(十一)明萬曆間原刊本

戰國策譚棷十卷，十四冊，明張文燿撰，按：又一部，同；又一部，六冊。

㈩明萬曆己未（四十七年）烏程閔氏刊朱墨藍三色套印本

戰國策十三卷，八冊，明閔齋伋裁注。按：又一部，同；又一部，十六冊。

㈡日本文政九年後雕園刊本

戰國策正解十卷，八冊，日本横田惟孝撰。

三　列女傳

㈠明黃魯曾刊本

古列女傳八卷，二冊，漢劉向撰。

㈡明萬曆丙午（三十四）新都黃嘉育刊附圖本

劉向古列女傳七卷，續列女傳一卷，八冊。漢劉向撰，不著續編人。按：又一部四冊。又一部五冊。

四　列仙傳

㈠清翻刻秘書二十一種本

列仙傳二卷，一冊，漢劉向撰。近人王國維手校。

㈡藍格舊鈔陶宗儀說郛本

列仙傳一卷，漢劉向撰。

(三)清順治丁亥(四年)兩浙督學李際期刊陶珽重編說郛本

列仙傳一卷,漢劉向撰。

(四)明萬曆間金陵荊山書林刊夷門廣牘本

列仙傳一卷,漢劉向撰。

(五)明萬曆間新安吳氏(琯)校刊古今逸史本

列仙傳二卷,漢劉向撰。

(六)明末刊五朝小說本

列仙傳一卷,漢劉向撰。

五 水經

(一)明正德戊寅(十三年)錫山盛夔刊本

水經三卷,一冊,漢桑欽撰,明楊愼校。

(二)明嘉靖甲午(十三年)吳郡黃省曾刊本

水經注四十卷,六冊,漢桑欽撰,後魏酈道元注。近人沈曾植、王國維各手校幷跋。按:又一部,二十冊;又二部,各十二冊;均無沈、王校跋。

(三)明萬曆乙酉(十三年)新安吳琯刊山水經合刻本

水經注四十卷，十四冊，漢桑欽撰，後魏酈道元注。按：又一部，六冊，清汪兆兢手校；又一部，十六冊；又一部，八冊。

㈣清光緒十四年無錫薛福成校刊本

水經注四十卷，補遺一卷，附錄二卷，十六冊，漢桑欽撰，後魏酈道元注，清全祖望校。近人葉德輝手校。

㈤明萬曆乙卯（四十三年）西楚李長庚刊本

水經注箋四十卷，八冊，漢桑欽撰，後魏酈道元注，明朱謀㙔箋。清蔣光煦過錄明趙琦美、清孫潛夫、何焯校語。按：又一部，十二冊；又一部，十六冊；又一部，二十冊，朱墨批校。

㈥明崇禎己巳（二年）武林嚴氏刊本

水經注四十卷，八冊，漢桑欽撰，後魏酈道元注，明譚元春等評。

㈦清乾隆丙午（五十一年）仁和趙氏小山堂刊本

水經注釋四十卷，附錄二卷，水經注刊誤十二卷，十六冊，清趙一清撰。清楊浚手書題記，近人鄧邦述手校。

㈧民國楊、熊二氏手定底稿本

水經注疏四十卷，四十一冊，民國楊守敬、熊會貞仝撰。

㈨清順治丁亥(四年)兩浙督學李際期刊說郛本

水經二卷，漢桑欽撰。

㈩明末武林何氏刊本配補清刊漢魏叢書本

水經二卷，漢桑欽撰。

中華史地叢書

今傳西漢史籍考

作　　者／王仁祿　著
主　　編／劉郁君
美術編輯／中華書局編輯部

出 版 者／中華書局
發 行 人／張敏君
行銷經理／王新君
地　　址／11494 臺北市內湖區舊宗路二段181巷8號5樓
客服專線／02-8797-8396　　傳　　真／02-8797-8909
網　　址／www.chunghwabook.com.tw
匯款帳號／兆豐國際商業銀行　東內湖分行
　　　　　067-09-036932　中華書局股份有限公司

法律顧問／安侯法律事務所
印刷公司／維中科技有限公司　海瑞印刷品有限公司
出版日期／2015年3月再版
版本備註／據1972年初版復刻重製
定　　價／NTD 370

國家圖書館出版品預行編目（CIP）資料

今傳西漢史籍考 / 王仁祿著. -- 再版. --
臺北市 : 中華書局, 2015.03
面 ; 公分. -- (中華史地叢書)
ISBN 978-957-43-2369-2(平裝)

1.考據學 2.古籍 3.西漢史

011.7　　104005851

NO.G0008
ISBN 978-957-43-2369-2（平裝）

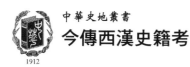